AF562907

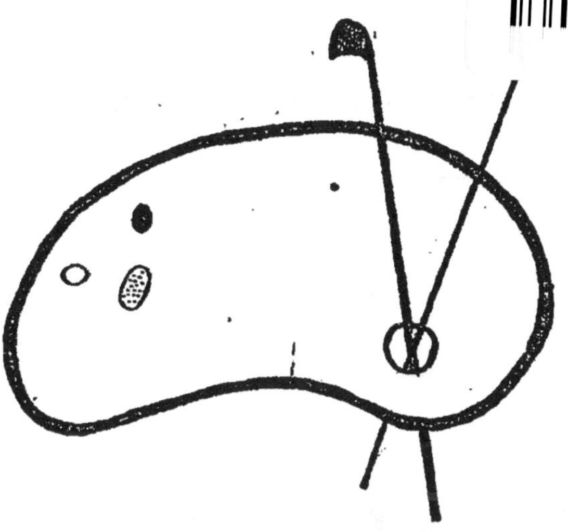

L'œuvre de la Littérature Religieuse

SAINT VINCENT DE PAUL

LETTRES CHOISIES

Publiées d'après les Manuscrits

Introduction et Notes

par Pierre COSTE

BLOUD & Cie
S. et R. 616

Etudes de Philosophie et de Critique religieuse

SÉRIE IN-16

ALLO (Bernard), professeur à l'Université de Fribourg (Suisse). — **Foi et Systèmes.** 1 vol. .... 3 fr. 50

Du même auteur. — **L'Evangile en face du Syncrétisme païen.** 1 vol. .... 3 fr. »

BRICOUT (J.). — **La Vérité du Catholicisme.** 1 vol. 3 fr. 50

BROGLIE (Abbé DE). — **Les Fondements intellectuels de la Foi chrétienne.** 1 vol., 3e édition .... 2 fr. 50

Du même auteur. — **Preuves psychologiques de l'existence de Dieu.** 1 vol., 2e édition .... 3 fr. »

GAYRAUD (Abbé), député du Finistère. — **La Crise de la Foi,** *ses Causes et ses Remèdes.* 3e édition, 1 vol. .... 2 fr. »

GODARD (André). — **La Vérité religieuse.** 3e édit. 1 vol. 3 fr. »

Du même auteur. — **Le Positivisme chrétien.** Nouvelle édition. 1 vol. .... 3 fr. 50

GUIBERT (J.). — **Le Mouvement chrétien.** 4e édit. 1 vol. 3 fr. »

LA MENNAIS (F. DE). — **Essai d'un système de philosophie catholique.** Ouvrage inédit recueilli et publié d'après les manuscrits, avec introduction, notes et appendice, par C. MARÉCHAL, agrégé de philosophie. 1 vol. ...... 3 fr. 50

LAPPARENT (A. DE), Secrétaire perpétuel de l'*Académie des Sciences.* — **Science et Apologétique.** 10e édition 1 vol. 3 fr. »

Du même auteur. — **La Philosophie minérale.** 1 vol. 3 fr. 50

LECLÈRE (A.), professeur à l'Université de Berne (Suisse). — **Pragmatisme, Modernisme, Protestantisme.** 1 vol. 3 fr. 50

MAUMUS (Vincent). — **La Préparation à la Foi.** 2e édition. 1 vol. .... 3 fr. »

NOUVELLE (A.). — **L'Authenticité du Quatrième Evangile et la thèse de M. Loisy.** 1 vol., 3e édition, revue et très augmentée .... 2 fr. »

PACHEU (Jules). — **Positivisme et Mysticisme.** *Etude sur l'inquiétude religieuse contemporaine.* 1 vol. ..... 3 fr. 50

PERRIOLLAT (Ch.). — **Chrétien et philosophe.** 1 vol. in-16 3 fr. 50

SERTILLANGES (A.-D.). — **Art et Apologétique.** 1 vol. 3 fr. 50

THAMIRY (L.), professeur à la Faculté de Théologie de Lille. — **Les deux aspects de l'Immanence et le Problème religieux.** Préface de Mgr BAUNARD, recteur des Facultés Catholiques de Lille. 1 vol. .... 4 fr. »

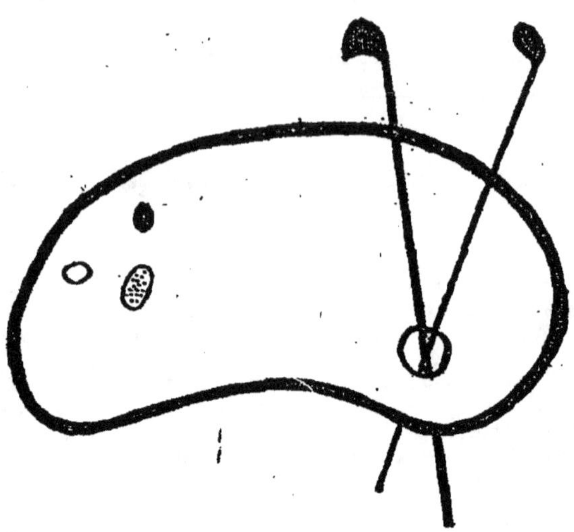

FIN D'UNE SERIE DE DOCUMENTS
EN COULEUR

Chefs-d'Œuvre de la Littérature religieuse

SAINT VINCENT DE PAUL

LETTRES CHOISIES

publiées d'après les manuscrits

PAR

Pierre COSTE

Prêtre de la Congrégation de la Mission.

PARIS
LIBRAIRIE BLOUD ET Cie
7, PLACE SAINT-SULPICE, 7
1 ET 3, RUE FÉROU. — 6, RUE DU CANIVET
1911

NIHIL OBSTAT

Pierre Méout,
Prêtre de la Mission, Censeur.

PERMIS D'IMPRIMER

Antoine Fiat,
Supérieur général.

IMPRIMATUR

Parisiis, die 26 Maii 1911.
G. Lefebvre,
vic. gén.

PRÉFACE

Toutes les lettres contenues dans ce petit recueil sont inédites à l'exception de quatre ou cinq. L'une de ces dernières est empruntée à la vie de M. Alméras, second supérieur général de la Congrégation de la Mission; trois autres à la *Revue de Gascogne*, où nous les avons publiées nous-même en 1908. Une cinquième se trouve, quant à sa substance, dans l'édition complète. On n'en connaissait jusqu'ici que la traduction italienne. Nous en donnons pour la première fois le vrai texte.

Cet opuscule est destiné à la propagande. Aussi, pour en faciliter la lecture, nous avons jugé bon de moderniser l'orthographe et de supprimer les abréviations qui n'ont plus cours. Nous ne sommes pas allé plus loin. Le style du saint a été religieusement respecté et les mots qu'il emploie n'ont pas été changés.

La lecture des lettres que nous donnons ici fera vivement désirer, nous n'en doutons pas, la publication de celles qui sont encore inédites. Celles-ci sont nombreuses; on en compte plusieurs centaines. Nous les publierons quand paraîtra l'édition complète, que nous préparons en ce moment. Il est temps, en effet, semble-t-il, de rééditer la correspondance de saint Vincent de Paul, non seulement parce que l'ancien recueil est très incomplet, mais aussi parce que la découverte d'un grand nombre d'originaux nous permet de substituer un texte absolument pur au texte plus ou moins vicié de simples copies. L'édition de 1880 ne manque pas de mérite et nous devons savoir gré à l'éditeur du monument qu'il a élevé à la gloire du saint. Mais tout est perfectible ici-bas. Les critiques de nos jours sont devenus plus exigeants que leurs devanciers et ont tracé des règles plus sévères. Les notes explicatives doivent être multipliées, les sources mentionnées, les mots douteux ou supposés soigneusement distingués de ceux dont la lecture est sûre. Il y a intérêt pour le lecteur à savoir si l'éditeur a suivi un original ou une copie, un brouillon ou le texte définitif. Une centaine d'originaux, sinon davantage, nous sont parvenus dans un triste état de mutilation : le papier est troué et rongé sur ses bords et, conséquence inévitable, une partie du texte, parfois importante, a disparu. Nous ne nous permettrons pas de compléter les phrases sans indiquer par des crochets les passages qui manquent.

L'édition qui se prépare tiendra compte des *desiderata* de la critique. Il faudra du temps pour mener à bonne fin une œuvre aussi considérable. Puisse, en attendant, ce modeste opuscule nous aider à mieux comprendre combien saint Vincent est digne d'amour, d'estime et de vénération et ce que nous devons de reconnaissance à celui qui est l'auteur de toute sainteté !

SAINT VINCENT DE PAUL

Lettres choisies

A Mademoiselle Le Gras (1).

MADEMOISELLE,

La grâce de Notre-Seigneur soit avec vous pour jamais.

Je trouve bien à propos tout ce que vous me dites du service des pauvres de l'Hôtel-Dieu, de la chambre et de Mademoiselle Viole (2) et de conférer avec vous à plein fonds des moyens d'établir une parfaite charité entre vos filles (3). Et, pour Madame Turgis (4), il sera bon que d'abord vous la priiez de trouver bon d'observer toutes les choses que les filles font, de faire comme elles et que vous la traitiez comme l'une d'entre elles et de faire enfin un noviciat de quelques mois : 1° pour honorer l'enfance de Notre-Seigneur ; 2° pour donner exemple à ces filles de bien faire et à celles qui viendront ci-après de quelque condition d'en faire de même et à ce

(1) L'original de cette lettre se trouve au couvent de la Visitation de la rue de Vaugirard à Paris. Il est en entier de la main du saint. Saint Vincent ne datait pas ses lettres à Mademoiselle Le Gras, fondatrice des filles de la charité, sauf quand elle était absente de Paris. Nous commençons ce recueil par les lettres non datées ; les autres suivront dans l'ordre chronologique.

(2) Femme du célèbre frondeur de ce nom. Elle était trésorière des dames de la charité.

(3) Les filles de la charité.

(4) Elisabeth Le Goutteux, veuve de M. Turgis, devenue humble fille de la charité, fut placée à l'hôpital d'Angers, à la maison des Enfants trouvés à Paris, à Richelieu et enfin à Chars. Elle donna jusqu'à sa mort, qui survint en 1648, l'exemple du dévouement et de l'humilité.

qu'enfin les filles lui aient une plus grande crainte lorsque l'on lui donnera quelque conduite (1) sur elles et qu'à cet effet elle se mette indifféremment parmi les filles à table et que c'est ainsi que Notre-Seigneur s'est voulu ajuster aux pauvres pour nous donner l'exemple d'en faire de même.

Si je le puis, j'irai samedi, de bonne heure, confesser vos filles pour les mettre dans la pratique que je vous ai dite de la confession.

Bonjour, Mademoiselle. Je suis votre serviteur.

VINCENT DEPAUL.

A Mademoiselle Le Gras (2).

MADEMOISELLE,

Il y a environ un quart d'heure que je viens d'arriver de la ville ; j'ai trouvé l'incluse à mon retour. Vous verrez comme je m'oblige à être demain avant sept heures à Saint-Lazare ; ce qui me privera de la consolation de vous aller voir demain au matin, comme je m'étais proposé. Vous me le pardonnerez, s'il vous plaît ; et jeudi, Dieu aidant, je réparerai la faute, ne le pouvant demain, à cause que nous aurons l'assemblée des ecclésiastiques à Saint-Lazare (3).

J'ai vu ce matin la bonne Madame Saunier et l'ai

(1) On voit par là que saint Vincent songeait à lui confier la direction d'un établissement. Le mot *autorité* s'était présenté le premier sous sa plume. Il le barra, le mot *conduite* répondant mieux à sa pensée.

(2) Cette lettre a été copiée, ainsi qu'une centaine d'autres, à la fin du XVIIe siècle, dans un recueil conservé jusqu'à la Révolution chez les filles de la charité de la paroisse Saint-Paul à Paris et remis plus tard à M. Hanon, vicaire général de la Congrégation de la Mission. L'original est perdu.

(3) Pour la conférence du mardi.

trouvée toute pleine de feu et de flamme pour la Charité et disposée à en être (1) ; mais il est arrivé une difficulté en cette affaire, qui fait que l'on juge expédient de différer l'assemblée des dames, qui se devait faire jeudi, jusques à un autre jour. Je vous supplie, Mademoiselle, de lui en donner avis et de faire votre possible pour vous bien porter, à quoi vous servira beaucoup de ne vous pas tant peiner après vos filles, de vous bien nourrir et de ne pas sortir si tôt. Je vous souhaite le bonjour et suis en l'amour de Notre-Seigneur, etc...

A Mademoiselle Le Gras (2).

MADEMOISELLE,

Je viens d'écrire à Mme la Chancelière (3) et lui envoyer votre lettre et une requête que j'ai dressée au nom des dames de la Charité de l'Hôtel-Dieu à M. le Chancelier, lui représentant qu'elles ont loué une maison pour y loger des filles de la Charité et les enfants trouvés, que les habitants vous ont envoyé des gendarmes (4), qu'ils ne peuvent demeurer en votre maison, où il n'y a point d'homme, sans danger de la pureté des filles ni faire scandale, que, ce considéré, il lui plaise de faire défense aux habitants d'envoyer lesdits soldats chez vous et aux soldats d'y aller et prie Madame de la présenter à M. le Chancelier. Et, pour ce que peut-être la chose ne pourra pas aller si vite que tout se puisse faire aujourd'hui, il sera bon que vous

(1) Il s'agit ici des Dames de la Charité.
(2) L'original de cette lettre est exposé dans une des salles de la *Société de Saint-Vincent de Paul* à Paris, 6, rue de Furstemberg. Il est en entier de la main du saint.
(3) Madame Séguier, femme de Pierre Séguier, chancelier de France. Elle aida souvent saint Vincent dans ses œuvres de charité.
(4) Gens d'armes ou soldats.

envoyiez quérir M. votre curé et le prier qu'il s'emploie vers les habitants pour donner un autre logis à ces gendarmes ou vers lesdits gendarmes à ce qu'ils se logent ailleurs, moyennant demi-écu, plus ou moins, pour qu'ils vous donnent deux jours. Je m'en va cependant chez Mme Goussault (1) à ce qu'elle envoie M. Granon pour hâter la chose.

Monsieur votre fils fait bien (2). Lui avez-vous envoyé l'acte ? Il m'a dit qu'il appréhende l'excellence du sacerdoce, et cela est bon. Faites de bonne heure avec les soldats, s'il vous plaît, par M. le curé. Bonjour, Mademoiselle.

Je suis, etc...

A Mademoiselle Le Gras (3).

MADEMOISELLE,

Je vous souhaite le bonsoir et que vous ne pleuriez plus le bonheur de votre petit Michel (4) ni ne vous mettez en peine de ce que deviendra votre sœur... Mon Dieu, ma fille, qu'il y a de grands trésors cachés dans la sainte Providence et que ceux-là honorent souverainement Notre-Seigneur qui la suivent et qui n'enjambent pas sur elle ! Oui, me direz-vous, mais c'est pour Dieu que je me mets en peine. Ce n'est plus pour Dieu que vous vous mettez en peine, si vous vous peinez pour le servir.

---

(1) Femme de M. le président Goussault et présidente des dames de la charité.

(2) Michel de Marillac. Sa mère l'aurait désiré prêtre; mais Dieu lui refusa cette consolation.

(3) Lettre connue par le manuscrit de la paroisse Saint-Paul.

(4) Michel de Marillac, fils de Mlle Le Gras.

A Mademoiselle Le Gras (1).

MADEMOISELLE,

La grâce de Notre-Seigneur soit avec vous pour jamais.

Ce billet sera pour vous remercier de ce beau parement que votre charité nous a envoyé, lequel me pensa ravir hier le cœur d'aise, voyant le vôtre là dedans, et cela tout à coup, entrant dans la chapelle, ne sachant pas qu'il y fût; et cette aise dura hier et dure encore avec une tendresse inexplicable, laquelle a opéré en moi plusieurs pensées, lesquelles, si Dieu l'a agréable, je vous pourrai dire, me contentant cependant de vous dire que je prie Dieu qu'il embellisse votre âme de son parfait et divin amour pendant que vous embellissez sa maison de tant de beaux paremente.

Je vous prie de ne point aller aujourd'hui aux pauvres et qu'ainsi vous honoriez le non faire du Fils de Dieu et celui de saint Joseph. Envoyez-y Marie Benard (2). Peut-être que Dieu lui communiquera quelque grâce dont elle a besoin et à vous celle de quelque degré d'humilité, de compassion des infirmes ou de connaissance de l'impuissance que vous avez de tendre à ce que votre ferveur vous fait prétendre.

A Mademoiselle Le Gras (3).

MADEMOISELLE,

Marie (3) m'a fort industrieusement, affectionnément et humblement répondu qu'elle est prête à faire ce que

(1) Cette lettre se trouve dans le recueil de la paroisse Saint-Paul.
(2) Fille de la Charité.
(3) Copie de cette lettre se trouve dans le manuscrit de la paroisse Saint-Paul.
(4) Fille de la Charité.

vous voudrez et en la manière que vous voudrez et qu'elle est seulement marrie de ce qu'elle n'a pas assez de jugement, de force et d'humilité pour servir à cela, mais que vous lui direz ce qu'il faudra qu'elle fasse et qu'elle suivra entièrement vos intentions. Oh! qu'elle me paraît bonne fille! Certes, Mademoiselle, je pense que Notre-Seigneur la vous a donnée lui-même pour s'en servir par vous.

Que vous dirai-je du reste de votre lettre, sinon que je loue Dieu de ce qu'il vous a consolée le jour de Saint-Lazare, aux Bons-Enfants (1), et que ce qu'il demande de vous, c'est d'honorer sa sainte Providence en votre conduite, sans vous presser ni empresser. Je tâcherai d'aller apprendre les sentiments que Notre-Seigneur vous a donnés pour cela. Mais, pour Chartres, je ne vois pas le moyen d'y aller; car nous voici au plus fort de nos plus importantes affaires. Quant à ce que vous dites que vous avez besoin de quelque correction pour vous retenir de votre déchet, nous la ferons, s'il plaît à Dieu.

L'embarras m'a fait retenir Marie jusques à présent. Envoyez-la tous les jours visiter ces bonnes filles de l'Hôtel-Dieu, si vous pouvez lui donner ce temps-là; mais qu'elle fasse en sorte que cette bonne demoiselle n'en soit pas peinée, s'il vous plaît. Mme Forest désire fort avoir liaison avec vous : c'est une bonne et vertueuse dame; et moi je suis en l'amour de Notre-Seigneur, etc...

---

(1) Avant de prendre possession de la maison de Saint-Lazare, saint Vincent et les siens habitaient au collège des Bons-Enfants. Ils y conservèrent un séminaire jusqu'à la Révolution.

A Mademoiselle Le Gras (1).

Ce samedi matin.

Il me semble, Mademoiselle, que Sœur Vincent, de Richelieu (2), est à préférer à cet abord; et puis, cette fille a besoin de grand emploi pour satisfaire son esprit vif. C'est une fort bonne fille, de bonne réputation en son pays, qui a persévéramment servi sa maîtresse sept ou huit ans. Cette pauvre femme a une douleur de son absence qui ne peut se dire. Il y a des esprits qui ne s'ajustent pas d'abord à toutes les petites régularités. Le temps fait tout. J'expérimente cela tous les jours parmi nous. Je suis plein d'estime et d'affection pour cette œuvre, et, ce matin, je pensais à faire venir M. Lambert, supérieur de Richelieu, pour servir à cette œuvre et à toutes nos charités; mais il n'est pas encore temps. Je verrai la maison. Bonjour, Mademoiselle. Je suis votre serviteur.

VINCENT DEPAUL.

A Mademoiselle Le Gras (3).

Mandez-moi, je vous supplie, comment vous vous portez et combien vous faites état d'être à Montreuil (4) et ressouvenez-vous particulièrement de prier Dieu pour moi, qui, me trouvant hier entre l'occasion d'exécuter une promesse que j'avais faite et un acte de charité à

(1) L'original de cette lettre se trouve à la maison-mère des Filles de la Charité; il est en entier de la main du saint.
(2) Chef-lieu de canton de l'Indre-et-Loire. Les prêtres de la Mission et les Filles de la Charité y avaient un établissement.
(3) L'original du cette lettre se trouve à la maison que les Filles de la Charité ont à Paris, 10, rue Alexandre Parodi. Il est en entier de la main du saint.
(4) Montreuil-sous-Bois, localité située tout près de Paris.

l'égard d'une personne qui nous peut faire du bien et du mal, je laissai l'acte de charité pour accomplir ma promesse, dont j'ai beaucoup mécontenté cette personne-là ; ce qui ne me fâche pas tant comme de ce que j'ai suivi mon inclination en faisant comme j'ai fait et qui suis en l'amour de Notre-Seigneur et de sa sainte Mère,

Mademoiselle,

Votre très humble et obéissant serviteur.

VINCENT DEPAUL.

De Paris ce dernier de mars 1631.

A M. Ducoudray, prêtre de la Mission, à Rome (1).

MONSIEUR,

La grâce de Notre-Seigneur soit avec vous pour jamais.

J'ai reçu la vôtre du huitième octobre, ce me semble, par laquelle vous me mandez ce que M. Le Bret (2) vous a dit que dom Le Bret, son cousin, lui mande touchant votre retour. Or il faut que je vous dise devant Dieu, en la présence duquel je parle, que je n'ai point dit aucune parole à dom Le Bret, que je sache, qui lui ait donné sujet d'écrire cela ni rien d'approchant ; mais que peut-être cela vient de ce qu'on lui a mandé de delà que vous n'aviez plus à faire à Rome et que vous aviez dit que vous deviez partir dans quinze jours.

Voilà tout ce que je sais de cela par la conjecture de

(1) Le texte que nous publions ici se trouve dans le dossier du procès de béatification. François Ducoudray, un des premiers compagnons du saint, avait été envoyé à Rome pour négocier l'approbation de la Congrégation de la Mission. Cette approbation obtenue, il eut à traiter d'autres affaires d'importance.

(2) M. Le Bret était alors à Rome. Il est question de lui dans plusieurs lettres de saint Vincent.

ce que je vous dis ; car ce bon Père ne m'a rien dit de ce qu'il a écrit. Quant à ce que vous dites qu'il vous a dit, et devant, des choses dans le même esprit, je vous dirai que, parlant à ce bon Père de nos affaires de Rome, pour ce que M. Le Bret lui écrit tout ce qui se fait, parlant, dis-je, de notre séjour à Ferrare, je lui témoignai la peine en laquelle j'étais pour cela, sans lui avoir dit aucune chose que ce que je pourrai dire en votre présence, sans vous donner sujet d'aucune peine, et qu'il est vrai que ce bon Père, par le zèle qu'il a pour nous, qui est tel que je doute fort que je l'aie si grand pour la mission que lui, il me dit qu'il voulait écrire à M. son cousin qu'il levât les bulles en votre absence. Or, comme il me dit cela d'un plein abord, je n'y fis pas tant d'attention. Mais, ayant repassé cela dans mon esprit, je le fus trouver exprès pour le prier de n'en rien faire, pour ce que j'avais peur que cela ne vous fît peine et que je voyais qu'il était expédient que cela se fît par vous. Et néanmoins j'ai su après qu'il avait écrit quelque chose, dont je fus extrêmement fâché.

Voilà, Monsieur, tout ce que je puis vous dire touchant cela, avec toute la liberté et simplicité qu'il m'est possible. Et n'ayez pas pourtant opinion que ce bon Père ait de vous aucun sentiment que très bon, Dieu merci, et plein d'estime et d'affection, et certes avec sujet. C'est pourquoi (1) je vous supplie très humblement de ne pas donner lieu à aucune pensée contraire à ce que je vous dis et d'éloigner de vous celles que je vois, par la vôtre, que vous avez fait de moi et de ce bon Père. Vous savez que la bonté de votre cœur m'a donné, Dieu merci, la liberté de vous parler

(1) Ce qui suit, des mots *Je vous supplie* aux mots *à plaisir et à consolation* a été publié dans la collection complète (lettre 85) avec quelques variantes de pure forme, que nous jugeons inutile de relever.

avec toute confiance et sans vous rien céler ni déguiser; et il me semble que vous avez cru connaître cela jusqu'à présent par mon procédé avec vous. Jésus, mon Dieu! serais-je réduit à ce malheur qu'il me fallût faire ou dire quelque chose à votre égard contre la sainte simplicité. Oh! Dieu m'en garde, Monsieur, et à l'égard de qui que ce soit. C'est la vertu que j'aime le plus et à laquelle je fais le plus d'attention dans mes actions, ce me semble. Et, s'il m'est loisible de le dire, je dirai que cela se fait avec quelque progrès, par la miséricorde de Dieu. Au nom de Dieu, mon petit Père, rejetez ces pensées comme des tentations que l'esprit malin jette dans le vôtre et croyez que mon cœur n'est pas tant le mien que le vôtre et que vous m'êtes, plus que je ne suis à moi-même, à plaisir et à consolation et que c'est cela qui me fait respirer votre retour. Mais je ne désire pas que ce soit pendant le fort de l'hiver et en ce danger, mais en la manière dont je vous ai écrit par ma dernière, qui est à dire vers le mois de février ou de mars, si ce n'est que vous vous mettiez sur les galères de France qui doivent apporter Monseigneur le cardinal de Lyon (1) à Rome, qui doit partir vers les avents; auquel cas il serait bon ou de prier M. Gillioly (2) de vous aller trouver à Rome ou de l'aller prendre pour aller attendre les galères à Livourne, qui est le port de Florence.

Je ne vous dis rien de l'affaire de Saint-Lazare, pour

(1) C'était Alphonse de Richelieu, le frère du cardinal ministre. Il allait à Rome pour obtenir l'annulation du mariage que Gaston d'Orléans venait de conclure avec Marguerite de Lorraine.

(2) Un *Jean Gilioli*, natif de Ferrare, fut reçu à Paris en 1629 dans la Congrégation de la Mission. Son nom est dans le catalogue des frères coadjuteurs. Est-ce le *Gillioly* dont parle ici saint Vincent? La raison de douter est que le saint, en écrivant *Monsieur* et non *frère*, laisse entendre qu'il parle d'un prêtre. Mais peut-être le secrétaire a-t-il, par distraction, inséré le nom de Gilioli dans le registre qui ne convenait pas, ou Gilioli, reçu comme frère, prit-il plus tard les ordres.

ce que je vous ai déjà mandé que je vous priais de faire signer la supplique par le Pape pour mettre les choses en état d'être faites d'ici à cinquante ans, comme vous nous mandez ; et, si la chose se pouvait expédier à quelque bon compte, il faudrait y entendre.

Or sus, voilà donc, Monsieur, tout ce que je vous dirai, pour le présent, de moi, sinon que je vous salue avec toute la tendresse de mon cœur et que je vous prie d'avoir soin de votre santé, qui suis en l'amour de Notre-Seigneur.

Monsieur,

Votre très humble et obéissant serviteur

VINCENT DEPAUL.

De Saint-Lazare, ce 6 novembre 1634.

A Monsieur Portail, prêtre de la Mission (1).

MONSIEUR,

La grâce de Notre-Seigneur soit avec vous pour jamais.

J'ai reçu deux de vos lettres depuis votre départ, voire trois, l'une de Brie-Comte-Robert (2), l'autre de Lyon et la dernière, du lendemain de Quasimodo, de Luzarches (3), votre première mission ; et je ne vous ai point fait réponse à la première, pour ce que je ne la reçus que huit jours après ou environ et que je crus que ma lettre ne vous trouverait point à Lyon, ni à la

(1) Nous ne connaissons cette lettre dans son intégrité que par la copie prise dans le dossier de béatification de saint Vincent. Antoine Portail, originaire de Beaucaire, fut le premier compagnon du saint fondateur de la Mission. Il prêchait dans les Cévennes, c'est-à-dire dans un pays gagné par le calvinisme, quand saint Vincent lui écrivit la lettre dont nous publions ici le texte.

(2) Aujourd'hui chef-lieu de canton de l'arrondissement de Melun.

(3) Aujourd'hui chef-lieu de canton de l'arrondissement de Pontoise.

seconde, à cause que je ne le jugeais pas expédient. Voici la réponse à toutes trois.

Je vous dirai donc, pour la première, que je ne pense pas que vous ayez besoin d'autre licence que celle que je vous ai baillée ; quant à la seconde, que je loue Dieu de ce que vous me mandez par le petit billet (1).

Parlons de la troisième. Certes, Monsieur, elle m'a consolé plus que je ne vous puis dire pour la bénédiction qu'il a plu à Dieu de donner à vos chétifs catéchismes et aux prédications de M. Lucas (2), que vous me dites bonnes, et à tout ce qui s'en est ensuivi. Oh ! Monsieur, qu'il a été bon que vous ayez été humilié d'abord, pour ce que, pour l'ordinaire, il n'en arrive autrement dans le progrès et que c'est de la sorte que Notre-Seigneur prépare ceux desquels il désire se servir utilement. Et lui-même combien a-t-il été humilié dès le premier abord de sa mission ! Comme *extrema gaudii luctus occupat,* aussi a-t-il dit à ceux qui travaillent dans l'angoisse et la pressure que *tristitia eorum vertetur in gaudium.* Aimons ce dernier et craignons le premier. Et, au nom de Dieu, Monsieur, je vous prie d'entrer dans ces sentiments, et M. Lucas aussi, de ne rien prétendre de vos travaux que honte, qu'ignominie et enfin la mort, s'il plaît à Dieu. Un prêtre doit-il pas mourir de honte de prétendre de la réputation dans le service qu'il rend à Dieu et de mourir dans son lit, qui voit Jésus-Christ récompensé de ses travaux par l'opprobre et le gibet. Ressouvenez-vous, Monsieur, que nous vivons en Jésus-Christ par la mort de Jésus-Christ et que nous devons mourir en Jésus-Christ par la vie de Jésus-Christ et que notre vie doit être cachée en Jésus-

(1) Tout ce qui suit jusqu'aux mots *constamment et humblement dans l'esprit d'humilité,* a été publié dans la collection complète (Lettre 101).

(2) Prêtre de la Mission depuis l'année 1626.

Christ et pleine de Jésus-Christ et que pour mourir comme Jésus-Christ il faut vivre comme Jésus-Christ. Or, ces fondements posés, donnons-nous au mépris, à la honte, à l'ignominie et désavouons les honneurs qu'on nous rend, la bonne réputation et les applaudissements qu'on nous donne et ne faisons rien qui ne soit à cette fin. Travaillons humblement et respectueusement. Qu'on ne défie point les ministres en chaire; qu'on ne dise point qu'ils ne sauraient montrer aucun passage de leurs articles de foi dans la sainte Écriture, si ce n'est rarement et dans l'esprit d'humilité et de compassion; car autrement Dieu ne bénira point notre travail. L'on éloignera les pauvres gens de nous; ils jugeront qu'il y a eu de la vanité en notre fait et ne nous croiront pas. L'on ne croit point un homme pour être bien savant, mais pour ce que nous l'estimons bon et l'aimons. Le diable est très savant et nous ne croyons pourtant rien de ce qu'il dit, pour ce que nous ne l'aimons pas. Il a fallu que Notre-Seigneur ait prévenu de son amour ceux qu'il a voulu faire croire en lui. Faisons ce que nous voudrons; l'on ne croira jamais en nous si nous ne témoignons de l'amour et de la compassion à ceux que nous voulons qu'ils croient en nous. M. Lambert (1) et M. Soufflier (2), pour en avoir usé de la sorte, ont passé pour des saints en l'un et l'autre parti et Notre-Seigneur a fait de grandes choses par eux. Si vous en usez de la sorte, Dieu bénira vos travaux; sinon, vous ne ferez que du bruit et des fanfares et peu de fruit. Je ne vous dis pas ceci, Monsieur, pour ce que j'ai su que vous ayez fait le mal que je dis, mais afin que vous vous en gardiez et travailliez constamment

(1) M. Lambert aux Couteaux, né dans le diocèse d'Amiens, était entré en 1629 dans la Congrégation de la Mission. Saint Vincent n'en parle jamais qu'en termes élogieux.

(2) Prêtre de la Mission depuis 1629.

et humblement dans l'esprit d'humilité. Que M. Lucas continue donc les prédications et vous le catéchisme.

Je doute fort que MM. Olier (1) et Perrochet (2) vous aillent voir. Le premier était déjà parti, et l'autre le devait suivre quelques jours après. Mais M. Olier a été arrêté par la proposition avec instance que M. de Langres (3) lui a fait faire de prendre son évêché. Ils sont dans les pourparlers. La chose est encore douteuse à cause des conditions; mais il y a plus d'apparence que la chose se fera que du contraire (4). Ledit sieur Olier ne laissera pas peut-être pourtant de faire un petit voyage jusqu'à Pébracq (5) pour affermir son bail. Si M. Perrochet avait quelque compagnon, il ne laissera pas peut-être de vous aller trouver. L'on verra. Je vous supplie cependant de m'écrire souvent et de donner mandat à qui j'adresserai ma lettre à Mende.

J'ai envoyé ce soir la lettre de M. Lucas à M. Tinien et à M. Olier la sienne; car c'est ce matin que j'ai reçu la vôtre. Que vous dirai-je de nos nouvelles? Tout le monde se porte bien, Dieu merci. Nous avons reçu depuis votre départ un gentilhomme limousin, qui a été de la religion, parent de M. de Saint-Angel, et un écolier d'Auvergne (6); mais, en récompense, nous avons fait reconnaître à M. Habert qu'il fera mieux ailleurs que céans; il vient de s'en aller il y a environ une heure. Je pense que nous recevrons aussi un cousin de M. Meyster; c'était frère Étienne auparavant (7).

(1) Fondateur du célèbre Séminaire de Saint-Sulpice.
(2) Prêtre zélé, qui deviendra plus tard, en 1644, évêque de Boulogne.
(3) Sébastien Zamet, évêque de Langres.
(4) Les prévisions de saint Vincent ne se réalisèrent pas.
(5) Où il avait une abbaye.
(6) Il s'agit vraisemblablement de Annet Savinier, né près de Clermont-Ferrand et reçu dans la Congrégation en 1635.
(7) Etienne Meyster, né à Athe, dans le diocèse de Cambrai. Son cousin, M. Meyster, fut associé aux travaux de saint Vincent, de M. Olier et du P. de Condren. Il est surtout connu par sa mort tragique.

M. de Lasalle (1) reçoit beaucoup d'assistance de Dieu en mission; ceux qui sont en Normandie aussi. L'on s'en va partir pour deux ou trois endroits du diocèse de Chartres et pour deux de ce diocèse. J'ai mandé à M. du Coudray de s'en revenir avec M. Gillioly.

Et voilà toutes nos nouvelles. Je n'ai point encore lu la vôtre à la Compagnie. Je le ferai demain, Dieu aidant, en l'amour duquel je salue et embrasse chèrement le bon M. Lucas et vous aussi, Monsieur, sans oublier le bon frère Philippe et ni la simplicité dans laquelle je vous ai parlé et je suis à vous,

Monsieur,

Votre très humble et obéissant serviteur,

VINCENT DEPAUL.

De Paris ce 1er de mai 1635.

A M. de Sergis, prêtre de la Mission, à Toulouse (2).

De Paris ce 17 décembre 1638.

MONSIEUR

La grâce de Notre-Seigneur soit avec vous pour jamais.

Je reçus avant-hier la vôtre du 7e de ce mois, par laquelle vous me donnez avis : 1° de l'arrivée de M. Durot (3) ; 2° que vous craignez de m'avoir mé-

(1) Le troisième prêtre que saint Vincent reçut dans sa Congrégation.

(2) Les prêtres de la Mission de Turin possèdent une ancienne copie de cette lettre dans le dossier qui fut porté de Paris chez eux en 1792. Robert de Sergis était né près de Pontoise le 2 mars 1608. Il appartenait à la Congrégation de la Mission depuis 1628.

(3) Nicolas Durot, originaire du diocèse d'Amiens, fut reçu dans la Congrégation de la Mission en 1633. En décembre 1638 il n'était prêtre que depuis deux ans.

contenté ; 3° que je fasse réponse à tout ce que vous me demanderez par vos lettres ; 4° qu'on désire que vous fassiez l'examen à Saint-Michel ; 5° que l'on vous a fait confesser dans le faubourg , 6° qu'on doit vous envoyer ceux qui ont des dimissoires ; 7° que vous demandez un peu de la vraie croix que vous avez laissée ici ; 8° vous me dites que vous avez acheté un réveille-matin. Voici la réponse à tout cela selon l'ordre proposé

1° Je rends grâces à Dieu de l'arrivée de M. Durot et vous prie d'avoir soin de sa santé et de l'aider de parole et d'exemple à parvenir à la perfection d'un Missionnaire et d'observer tous deux à cet effet le petit règlement, sans vous en départir pour quelque raison que ce soit. Un Prélat m'a fait l'honneur de me dire qu'il vous a vu avec un collet plus grand que les nôtres et avec un manteau à gros boutons, dans un esprit de suffisance et moins d'humilité que les autres Missionnaires. Que si cela est, je vous prie, Monsieur, de vous ajuster en toutes choses au petit règlement, à nos petites observances et à notre manière de nous habiller et d'honorer plus que jamais l'humilité de Notre-Seigneur. Chacun dit que l'esprit d'un missionnaire est esprit d'humilité et de simplicité ; tenez-vous là ; l'esprit de douceur, de simplicité et d'humilité est l'esprit de Notre-Seigneur ; celui d'orgueil ne subsistera point longtemps à la Mission.

2° Ne craignez pas de m'avoir mécontenté ; je vous connais bien ; je m'assure que vous ne retournerez jamais deux fois aux manquements dont je vous ai averti et vous avertirai ci-après ; vous n'êtes ni infaillible ni incorrigible ; vous faudrez moins, si vous tenez à ce que je vous ai dit et vous éloignez du brillant et de l'esprit du monde. *Nemo potest duobus dominis servire.* Je voudrais que vous vissiez l'humilité et la simplicité que Notre-Seigneur répand dans notre séminaire, et combien tout ce qui est contraire à cela les choque.

3° Je vous promets ce que vous demandez au 3e point, que je vous ferai réponse désormais à toutes vos demandes, que vous mettrez, s'il vous plaît, par articles.

Voici la réponse au 4e et au 5e points. Les personnes plus oculées me disent souvent qu'il faut tenir ferme à la pratique de ne prêcher, catéchiser, ni confesser dans les villes, ni dans les faubourgs où il y a évêché ou présidial ; et puis, vous savez que notre Bulle y est expresse. Ceux qui pourraient avoir quelque pente au contraire à l'instant qu'ils le désirent resteront plus édifiés avec le temps.

Je ne trouve point de difficulté que vous voyiez ceux que Monseigneur vous adressera pour des dimissoires, lorsque vous serez à Toulouse, et pense que vous avez bien fait d'acheter un réveille-matin.

Un accident qui est arrivé en la compagnie me fait voir qu'il est nécessaire que je voie les comptes de la dépense et de la recette. Je les ai vus et arrêtés à Richelieu, d'où je viens. Je vous prie, Monsieur, de m'envoyer les vôtres ; ou, si vous n'avez point tenu compte de votre dépense ni de votre recette, commencez à le faire pour l'avenir, afin qu'on observe un même ordre partout. Vous pouvez bien penser que je connais votre fidélité et que je me défie plus de la mienne que de la vôtre.

Je m'en vas dire à M. de Marceille (1) qu'il cherche et vous envoie la relique de la vraie Croix que vous demandez, si elle se trouve.

Or sus, Monsieur, voilà tout. Il me reste à vous dire que je n'aurai eu garde de vous aller voir à Toulouse ou

(1) Nicolas de Marceille, reçu dans la Congrégation de la Mission en 1635.

de vous prier de vous rendre à Bordeaux, si j'y fusse allé. O Jésus, Monsieur, il me tarde trop que je n'aie la consolation de vous voir ; car vous savez combien mon cœur chérit le vôtre chèrement aimable. J'ai promis à M. Pavillon (1) de me rendre à Alet incontinent après qu'il y sera, si Notre-Seigneur me fait la grâce de le voir. Ce sera alors que j'aurai cette consolation. Mais, si une occasion que j'entrevois ne me porte à faire un voyage en Gascogne, j'aurai le bien de vous voir plutôt. Je vous salue, en attendant, avec toute l'affection qui m'est possible et suis en l'amour de Notre-Seigneur,

Monsieur,

Votre très humble et obéissant serviteur,

VINCENT DEPAUL.

Au cardinal Mazarin (2).

De Paris ce 4e septembre 1646.

MONSEIGNEUR,

La présente est pour faire savoir à Votre Éminence qu'il est mort depuis peu un professeur en théologie dans la Sorbonne. Il est question de procéder à nouvelle élection dans la même faculté. Monsieur le Pénitencier m'a dit que les Jansénistes font grande brigue pour en faire élire un de leur parti. Ceux de l'opinion commune de l'Église ont concerté entr'eux et jeté les yeux sur un nommé Lemaitre (3), qui est fort savant, qui prêche bien et a une des meilleures plumes du

(1) M. Pavillon, nommé évêque d'Alét en 1637, fut sacré à Saint-Lazare le 15 août 1639. Il repartit pour son diocèse dans le courant de septembre, accompagné de M. Blatiron, prêtre de la Mission.

(2) L'original de cette lettre se trouve à la maison-mère de la Congrégation de la Mission. La signature seule est de la main du saint.

(3) Nicolas Le Maistre accepta la chaire de professeur. Il fut proposé le 4 juillet 1661 pour l'évêché de Lombez et mourut le 14 octobre de la même année.

royaume et est du bon parti. On lui a demandé si, étant élu, il acquiescerait à l'élection. Il en a fait difficulté pour ce qu'un prélat lui offre une condition beaucoup plus avantageuse. Ce qui fait, Monseigneur, que ces Messieurs du bon parti ont désiré que je propose à Votre Éminence si elle aura agréable de lui assurer présentem ,nt douze cents livres de pension sur quelque bénéfice ou de lui donner parole qu'elle le fera dans quelque temps. Les avantages qui arriveront en ceci à l'Église, Monseigneur, sont que Votre Éminence empêchera que cette opinion dangereuse ne s'enseigne publiquement en Sorbonne, qu'elle opposera un puissant génie à ces gens là, qu'elle usera de sa providence ordinaire en toutes les affaires d'importance, en une qui regarde la gloire de Dieu et le bien de son Église, et qu'enfin elle fera une créature au roi et à Votre Éminence. L'élection se doit faire lundi prochain, Il est nécessaire que je sache la volonté de Votre Éminence dans vendredi au soir. Je prie Dieu cependant, Monseigneur, qu'il conserve Votre Éminence et sanctifie sa chère âme de plus en plus, qui suis en son amour,

Monseigneur,

Votre très humble et très obéissant serviteur,

VINCENT DEPAUL

indigne prêtre de la Mission (1)

(1) On sera heureux, croyons-nous, de lire ici la réponse du cardinal. « Monsieur, Je vous dirai pour réponse à la lettre que vous avez pris la peine de m'écrire, du 4e de ce mois, que je ne puis que louer le zèle que vous faites paraître en tout ce qui regarde la gloire de Dieu et le bien de son Église. Le soin que vous prenez de rompre la brigue des Jansénistes par l'élection de M. Lemaistre m'en est une nouvelle preuve et je suis bien aise qu'on fasse choix d'une personne qui, par le témoignage que vous m'en rendez, est si digne de remplir la place qui vaque dans la Sorbonne. Vous pouvez cependant l'assurer de ma part des douze cents livres de pension que vous jugez à propos qu'on lui donne sur quelque bénéfice et que cela s'effectuera aux premières occasions que j'en aurai. Croyez en votre particulier que je serai toujours bien véritablement, Monsieur, votre très affectionné à vous faire servir. Le cardinal Mazarini. A Fontainebleau ce 7e septembre 1646. »

Au consul de Salé à Marseille (1).

De Paris ce 5 octobre 1646.

MONSIEUR,

La grâce de Notre-Seigneur soit avec vous pour jamais.

Je ne puis vous exprimer, Monsieur, la reconnaissance que j'ai de la charité dont il vous plaît honorer notre petite Compagnie, de la vouloir employer au service de Dieu, à l'assistance de nos pauvres esclaves de Salé et à votre service. Je vous en remercie très humblement, Monsieur, et vous offre les petits services de notre petite Compagnie et les miens avec toute l'humilité et l'affection que je le puis.

Je ne sais que dire au procédé de ce bon Père, qui a gagné le devant, Monsieur, sinon que nous avons pour maxime de céder aux autres les bonnes œuvres qu'ils s'offrent à faire, estimant avec sujet qu'il les feront mieux que nous. Et puis nous craignons qu'il arrive quelque contestation sur le lieu et que cela ne soit plutôt à scandale qu'à édification aux chrétiens et aux infidèles. Que s'il arrive que Monsieur votre fils n'ait pas reçu ce bon Père ou si son voyage ne tend qu'au rachat des esclaves, ainsi qu'il l'a dit en partant, à ce qu'on m'a mandé, en ce cas ou semblable, très volontier nous ferons ce que vous commanderez, qui êtes choisi du roi, et par conséquent de Dieu, pour faire

(1) Le brouillon de cette lettre se trouve à la bibliothèque nationale (N. a. fr. 3533, pièce 395.) Il est en entier de la main de saint Vincent. Salé, ville du Maroc, est situé dans la province de Benihassen, sur la côte de l'Océan Atlantique. Sur les instances du consul de France en cette localité, le saint allait y envoyer un de ses prêtres, quand il apprit qu'un Père récollet s'y était établi pour faire le travail qu'on lui avait proposé. Dans la lettre ci-dessus il donne au consul les raisons de son refus.

connaître sa volonté par la vôtre en ces occasions ; et si, en reconnaissance de cette obligation, se présente quelque occasion de vous servir, nous le ferons très volontiers, Monsieur. Nous prierons Dieu cependant pour la conservation de votre personne et celle de M. votre fils, qui vous représente à Salé, à ce qu'il vous conserve tous deux et sanctifie de plus en plus votre chère âme et celles du reste de votre famille, et suis en son amour,

Monsieur,

Votre très humble et obéissant serviteur,

VINCENT DEPAUL,
indigne prêtre de la Mission.

A Monsieur Delville, supérieur des prêtres de la Mission de Crécy, à Coulommiers (1).

De Paris ce 11 octobre 1647.

MONSIEUR,

La grâce de Notre-Seigneur soit avec vous pour jamais.

Nous vous envoyons six ou sept prêtres, dont cinq de la Compagnie et les deux autres du séminaire des Bons-Enfants. Des cinq il y en a deux de Montmirail, et des trois restants l'un est M. Vatebled (2), dont vous connaissez la bonté. Celui-ci pourra servir à l'observance de la régularité sous vous, qui ne manquez pas

(1) Cette lettre ne nous est connue que par la copie prise sur un des volumes du procès de béatification de saint Vincent. M. Guillaume Delville, à qui elle est adressée, appartenait à la Congrégation de la Mission depuis six ans et dirigeait en Seine-et-Marne l'établissement de Crécy.

(2) Prêtre de la Mission, entré dans la Congrégation le 19 janvier 1641, comme M. Delville.

d'autres occupations. Il importe que l'on observe bien les règles, à cause que plusieurs d'entr'eux sont destinés pour d'autres maisons, où il importe qu'ils portent ce qui s'observe de deçà dans les missions. Il sera bon à cet effet qu'aussitôt vous fassiez lire à table les règles qu'on doit lire au commencement des missions (1).

Monsieur le théologal est capable de cela (2). Il y a été d'autres fois; mais il le faut prier, lui, de ne pas s'assujettir au temps du coucher ni aux autres emplois.

Vous me mandez que M. le théologal ne parlera que trois fois par semaine et qu'il faut que vous souteniez le reste pour le soir et la prédication du matin. Cela me paraît difficile. J'espère vous envoyer M. Tholart (3) dans trois ou quatre jours, qui pourra vous soulager et faire le matin. Il a grâce de Dieu pour disposer les peuples à recevoir les miséricordes qu'il répand dans les missions, où la régularité s'observe. Il ne confesse point; il pourra servir aux accommodements. Si un rhume qu'il a lui permet et Dieu bénit une saignée qu'on lui a faite aujourd'hui, il pourra partir dans trois jours.

Vous me mandez que Mme de Longueville (4) veut faire les frais. Oh! mon Dieu, Monsieur, faut-il commencer du temps de M. Delville et du mien et par M. Delville la dissipation et la ruine de l'esprit de la Mission! Oh! Jésus, à Dieu ne plaise que vous soyez

(1) Saint Vincent tenait beaucoup à ce qu'il y eût une lecture publique pendant les repas. Cette règle est encore en vigueur parmi ses missionnaires.

(2) De pratiquer la règle.

(3) Prêtre de la mission, porté aux scrupules, surtout au confessionnal. C'est pour cela que saint Vincent fait remarquer à M. Delville qu'il ne confessera point.

(4) Anne Geneviève de Bourbon, sœur des princes de Condé et de Conti, mariée au duc de Longueville, est assez connue par son rôle sous la Fronde et sa conversion au Jansénisme.

l'instrument d'un tel malheur! Nous ne sommes pas moins obligés à faire gratis nos missions que les capucins à vivre d'aumônes. Hé! bon Dieu, que dirait-on d'un capucin qui toucherait de l'argent et que n'a-t-on pas raison de dire des missionnaires qui se laisseront défrayer par quelques-uns dans les missions, et cela par M. Delville et de mon temps! Oh! Jésus, *absit hoc a nobis !*

Voici vingt écus, que j'ai dit qu'on vous délivre, déduits les frais du voyage. Vous fournirez ce qu'il faudra. C'est pour vous donner le temps d'envoyer quérir ce qu'il faudra pour toute la dépense. C'est votre département. Que si l'on vous y fait quelque empêchement, quittez, Monsieur, après que vous en aurez demandé la permission à Monseigneur de Meaux (1), changez de logis et prenez-en un où vous ayez la liberté de faire votre dépense.

Sachez, Monsieur, que je me suis trouvé dans pareille rencontre et que je dis tout franc à la dame qui avait procuré la mission que, si elle ne permettait pas que nous nous unissions (2), que nous nous en retournerions ce même jour-là. En effet nous l'aurions fait si cette bonne dame ne nous eût dit qu'elle consentait que nous fissions ce que nous voudrions en cela. Elle en resta fort édifiée; et je vous assure de la même chose du côté de Mme de Longueville. Et je vous dis plus : qu'elle et tous ceux qui le sauront resteront édifiés de votre fidélité à l'observance de nos règles et que vous malédifieriez tout le monde si vous vous laissiez aller à l'effet de sa bonté de vous laisser tenter. Au nom de Dieu, Monsieur, usez-en comme je vous dis, maintenant et toujours. Que si vous n'avez pas ce qu'il faut pour cela, mandez-le-

(1) Dominique Séguier, évêque de Meaux de 1637 à 1659.
(2) Que nous vivions en commun.

moi ; nous y pourvoirons. Je vous dis ceci avec une très grande douleur de voir, de mon temps, ce malheur arriver en notre Compagnie, et cela par M. Delville, que je chéris plus que moi-même un million de fois et qui suis en l'amour de Notre-Seigneur,

Monsieur,

Son très humble et très obéissant serviteur.

VINCENT DEPAUL

indigne prêtre de la Mission.

A Monsieur d'Horgny,
prêtre de la Mission, à Gênes (1).

De Paris ce 29 décembre 1650.

MONSIEUR,

La grâce de Notre-Seigneur soit avec vous pour jamais.

Je ne puis vous dire la consolation que la lecture de votre dernière et le récit que j'en ai fait à la Compagnie m'a apporté pour les grâces continuelles que Notre-Seigneur verse incessamment sur votre mission de Gênes. J'en rends grâces à Dieu et le prie qu'il les continue de plus en plus sur cette chère famille (2).

O Monsieur, que j'en ressens de joie au moment que je vous le dis et que votre présence de delà y a fait du bien et qu'elle jette de profonds fondements de zèle de la gloire de Dieu dans les âmes de votre Séminaire ! Eh

(1) L'original de cette lettre est exposé dans la salle où se réunit à Paris, 6, rue de Furstemberg, le Conseil des Conférences de Saint-Vincent de Paul. Il est en entier de la main du saint. M. d'Horgny était un des prêtres les plus méritants de la Congrégation de la Mission, où il a occupé les plus hautes charges après celle de supérieur général.

(2) M. Blatiron était alors supérieur des prêtres de la Mission à Gênes.

quoi ! Monsieur, à peine ont-ils commencé que les voilà dans la disposition du martyre. Je prie Notre-Seigneur qu'il les anime de plus en plus de son esprit, en sorte qu'il plaise à sa divine [bonté] (1) de se servir d'eux comme du levain duquel il veut faire lever la pâte du pain de sa parole pour la nourriture des pauvres gens de la campagne. Je les embrasse tous, prosterné en esprit à leurs pieds, en la vue de mon indignité en laquelle la Providence m'a mis à leur égard, qui ne suis pas digne de délier la courroie de leurs souliers.

Oh ! mon Dieu, Monsieur, que j'ai représenté à la Compagnie avec ardeur et tendresse les avantages de la dévotion en ceux qui travaillent au salut des peuples, en comparaison de celui dont vous me parlez, que Dieu bénit tant (2) ! Vive la piété ! Et plaise à Notre-Seigneur faire comprendre cette vérité à la petite Compagnie !

M. Alméras m'écrit quasi par toutes ses lettres qu'il est nécessaire d'envoyer à Rome un homme mettable (3) pour servir à la sacrée Congrégation (4). Je lui dis qu'il fasse ce qu'il pourra avec les personnes que Notre-Seigneur lui a données; si vous avez quelque vent que quelqu'un des vôtres puisse servir de delà sans préjudicier à votre famille, vous y penserez et m'en écrirez, s'il vous plaît. Nous avons envoyé sept prêtres et six frères pour assister les pauvres picards et les champenois dans l'extrême nécessité spirituelle et corporelle en laquelle ils sont, ainsi qu'on était d'autrefois en Lorraine. Cela nous appauvrit de monde. Un votre cousin nous est venu voir. D'abord il eut affection de demeurer parmi nous; mais, comme il eut vu la peine (5) de nos

(1) Mot oublié dans l'original.
(2) Saint Vincent a probablement en vue Jean Martin, qui devait rendre tant de services à la maison de Gênes et à la Congrégation.
(3) Bien doué pour cet office.
(4) C'est M. d'Horgny qui remplissait précédemment cet emploi.
(5) Le travail fatigant.

frères et des domestiques, il crut qu'il n'en pourrait porter une semblable et a mieux aimé s'en retourner. Et moi, Monsieur, je finis la présente en me recommandant à la miséricorde de Dieu par les prières que vous faites pour moi. Je vous supplie, Monsieur, de me les continuer ; j'en ai très grand besoin, qui suis en l'amour de Notre-Seigneur.

Monsieur,

Votre très humble serviteur,

VINCENT DEPAUL

indigne prêtre de la Mission.

Aux Filles de la Charité de Saint-Étienne, à Arnes, près Vouziers (1).

De Paris ce 18 mars 1651.

MES BONNES SŒURS,

La grâce de Notre-Seigneur soit avec vous pour jamais.

Je vous fais la présente pour vous demander de vos nouvelles et vous en donner des nôtres. Grâces à Dieu, nous sommes en bonne santé et tout va assez bien tant en votre Compagnie qu'en la nôtre. Nous prions souvent Notre-Seigneur pour vous, à ce qu'il vous conserve et vous bénisse dans le grand travail que vous faites. Une chose qui peut beaucoup attirer les grâces de Dieu sur vous et sur votre emploi est l'usage de votre pratique de dévotion, comme l'oraison du matin, ne fût-elle que de demi-heure, les examens particuliers, la lecture spirituelle, les élévations de votre cœur à

(1) L'original de cette lettre se trouve chez les Filles de la Charité de Marseille (10, rue d'Austerlitz). La signature et l'adresse sont de la main du saint. L'adresse porte : *A nos chères sœurs les sœurs de la charité qui sont à présent pour l'assistance des pauvres à Saint-Etienne et à Saint-Sonpi (aujourd'hui Sompy).*

Dieu et la pureté d'intention en toutes vos actions, paroles et pensées; être fidèles à cela c'est être véritables filles de Notre-Seigneur; c'est vous rendre dignes de son amour et marcher sûrement à votre perfection. C'est la grâce que je vous désire et les meilleurs avis que je vous puisse donner. Je ne sais si, à votre départ, je vous ai recommandé ces saintes pratiques. Si je ne l'ai fait, je le fais maintenant, encore que je sache que vous n'en omettez aucune a plein gré et que, dans les tracas et sollicitudes que vous avez, vous vous remettez souvent en la présence de Dieu, et cette présence vous fait trouver le temps de vous acquitter du reste chaque jour, autant que le lieu et le service des pauvres vous le permettent.

Continuez donc, mes chères sœurs, d'accomplir la volonté divine en toutes choses; confiez-vous en lui; offrez-vous à lui; invoquez-le et ne doutez pas qu'il ne soit votre force, votre consolation et un jour la gloire de vos âmes.

Je suis en son amour,

mes Sœurs,

Votre très affectionné serviteur

VINCENT DEPAUL

prêtre indigne de la Mission.

A Monseigneur le nonce à Paris (1).

De Saint-Lazare ce 27 octobre 1651.

Monseigneur,

Selon le commandement de Votre Seigneurie Illustrissime je me suis informé des qualités du R. P. Michel

(1) Nicolas Bagni, qui était alors nonce à Paris, envoya cette lettre à la Propagande. L'original se trouve encore aux archives de cette Congrégation (II, Africa, n° 248, f° 124), La signature seule est de la main du saint.

du Saint-Esprit par trois divers religieux du même Ordre, dont l'un est le R. P. Léon, qui m'ont assuré que ce Père-là est fort savant, bien vertueux et très zélé pour aller aux terres étrangères y étendre l'empire de Jésus-Christ, à quoi il se dispose, et même de mener quand et lui quelques autres Pères pour travailler à son dessein; et, m'a-t-on dit, Monseigneur, que la sacrée Congrégation *de Propaganda fide* lui en donne les facultés avec douze cents francs pour leur subsistance. Il n'y a que deux jours qu'il est parti pour Bretagne, résolu dès qu'il sera de retour ici de partir pour aller à Memphis, autrement le grand Caire. Voilà, Monseigneur, ce que j'ai appris hier, étant allé au couvent des Carmes mitigés. Si Votre Seigneurie Illustrissime désire que j'en fasse une plus ample information, je le ferai volontiers, Monseigneur, n'ayant consolation au monde plus grande que d'obéir et de complaire à Votre Seigneurie Illustrissime pour l'extrême respect que je lui porte; mais il me sera fort difficile de trouver personne hors de son ordre qui le connaisse assez pour m'en rien dire de plus assuré. Je supplie très humblement Votre Seigneurie Illustrissime de me pardonner si je ne vais moi-même lui rendre compte de ceci, pour ce que je suis d'une assemblée ce matin, qui me prive de cet honneur, et de me faire celui de me commander absolument ce qu'il lui plaira, puisque Dieu lui a donné un pouvoir souverain sur moi, qui suis en son amour,

Monseigneur,

De Votre Seigneurie Illustrissime

Très humble et très obéissant serviteur

VINCENT DEPAUL,

indigne prêtre de la Mission

Depuis cette lettre écrite, Monseigneur, j'ai vu un homme qui a connu ce Père à Rome, qui m'a dit qu'il est savant et bon religieux, mais un peu entreprenant, et qui a même usé de quelque souplesse au fait dont est question ; car, du commencement, il ne demandait que d'être grand-vicaire de Mgr l'évêque de Memphis ; mais, depuis, pour agir en chef et indépendant de l'évêque, il a demandé des facultés pour lui et pour trois ou quatre autres de ses compagnons.

A Monseigneur le Nonce à Paris (1).

De Saint-Lazare ce 7e mars 1652.

MONSEIGNEUR,

Le consul de Salé, qui est une ville en Afrique, du royaume de Fez, ayant demandé un prêtre au supérieur de la maison de Marseille pour lui servir de chapelain et assister les pauvres esclaves, j'en ai écrit au supérieur de la Mission de Rome, afin de proposer la chose à la Sacrée Congrégation, comme il a fait, ce qui a donné lieu à la même Sacrée Congrégation de prier Votre Seigneurie Illustrissime de s'informer des qualités de la personne et de l'emploi. Mais j'ai su depuis, Monseigneur, que le Père Canto, récollet, ou d'autres religieux du même ordre, qui ont eu ci-devant cette mission, font instance à Rome pour y être de nouveau rétablis; ce qui nous ôte tout à fait la pensée d'y envoyer et nous donne le désir que Nosseigneurs de la Propagande sachent que, quand il se trouve d'autres

(1) Nicolas Bagni envoya l'original de cette lettre à la Propagande, où il est encore (II, Africa, n° 248, f° 4). La signature seule est de la main du saint. Une lettre, imprimée plus haut à la date du 5 octobre 1646, nous montre que le consul de Salé avait eu déjà recours aux prêtres de la Mission et que l'arrivée d'un Père récollet avait empêché de donner suite à ce projet. Le Père récollet s'était retiré depuis.

ouvriers qui veulent aller aux lieux où l'on nous appelle, nous nous en retirons, pour ne rompre la charité ni sortir du sentiment que nous devons avoir que les autres y feront mieux que nous. Avec cela, Monseigneur, nous remercions très humblement la Sacrée Congrégation de l'attention qu'elle a faite à notre proposition et Votre Illustrissime Seigneurie de l'honneur qu'elle m'a fait de m'en avertir.

Grâces à Dieu, nous sommes entièrement soumis aux volontés de l'une et de l'autre, particulièrement moi qui ai le bonheur d'être sans réserve en son amour,

Monseigneur,

Votre très humble et très obéissant serviteur,

VINCENT DEPAUL,
indigne prêtre de la Mission.

A Monsieur Blatiron, supérieur des prêtres de la Mission, à Gênes (1).

Vous me faites espérer vos prières pour la paix de ce royaume, dont je vous remercie. Jamais le besoin n'en fut plus grand. Il n'y a que trois à quatre nuits que nous avions l'armée entière autour de notre clos; mais, parce qu'elle était poursuivie par celle du roi, elle fila, dès le matin, à grande hâte, et l'arrière-garde fut attaquée derrière le séminaire de Saint-Charles, qui courut

(1) M. Alméras, prêtre de la Mission, qui devait succéder à saint Vincent, à la tête de la Congrégation de la Mission et des Filles de la Charité, fut nommé, à la fin de l'année 1651, supérieur du petit séminaire Saint-Charles, situé à l'une des extrémités de l'enclos de Saint-Lazare, sur le chemin qui menait de Paris à Saint-Denis. Le pillage dont il est ici question eut lieu le 2 juillet 1652.

Nous avons extrait cette lettre d'une ancienne vie manuscrite de M. Alméras, publiée dans les *Notices sur les prêtres, clercs et frères défunts de la Congrégation de la Mission*, Paris, Dumoulin (Première série, t. III, pp. 229-330)

grand risque d'être pillé. Huit soldats y étant entrés à ce dessein voulurent maltraiter M. Alméras, qui leur offrait la table et de l'argent, pourvu qu'ils ne fissent aucun autre mal; mais ils allèrent dans les chambres, rompirent des coffres et se chargèrent de ce qu'ils trouvèrent de meilleur; et sur le point qu'ils sortaient, chargés de butin, un suisse et un cocher de M. de Bouillon (1), passant par là, virent ce désordre et mirent la main à l'épée contre eux; et, après leur avoir fait rendre ce qu'ils avaient pris, les mirent dehors et demeurèrent le jour et la nuit dans la maison pour empêcher que d'autres voleurs n'y entrassent. C'étaient des hommes qui ne nous connaissaient point et qui se sont portés à notre défense par compassion. Il faut avouer que Dieu est admirable de nous les avoir adressés si à propos. Nous les avons considérés comme deux protecteurs envoyés de sa part. Ils se retirèrent le lendemain, qui était mercredi dernier, assez satisfaits de nous.

Au Préfet de la Propagande (2).

De Paris ce 16 août 1652.

MONSEIGNEUR,

La seconde lettre que Votre Eminence m'a fait l'honneur de m'écrire sur le sujet de la mission de Madagascar (3) m'oblige de rendre nouvelles actions

(1) Frédéric-Maurice de la Tour d'Auvergne, duc de Bouillon, frère de Turenne.

(2) L'original de cette lettre se trouve aux archives de la Propagande (II, *Africa*, n° 248, f° 113). L'endroit où était la signature a été enlevé. La lettre est de la main du secrétaire.

(3) Les prêtres de la Mission évangélisaient la partie méridionale de l'île de Madagascar depuis décembre 1648. En 1652 M. Bourdaise était le seul missionnaire survivant. Il fut impossible de lui porter secours avant l'année 1656.

de grâces à Dieu d'avoir donné à son Eglise un si vigilant pasteur que Votre Eminence, qui prend tant de soin de la conversion des infidèles de ce pays-là.

Je viens présentement, Monseigneur, de voir l'un des maîtres de la navigation de cette île. Je dirai avec douleur à Votre Eminence que je l'ai trouvé dans le doute s'ils y feront faire le voyage à ce mois de septembre, comme ils s'étaient proposés. Ils n'ont pas encore un vaisseau et ne se pressent point pour en équiper un. La cause de cela, Monseigneur, est l'état présent de la France, qui a contraint une partie des associés de s'éloigner de Paris et tient l'autre dans la réservé pour la dépense qu'il convient de faire. Je suis fort affligé d'un tel retardement à cause que, depuis trois ans, nous avons un de nos prêtres en cette île-là, duquel nous ne pouvons rien apprendre dans l'interruption de ce commerce. Je me suis informé si nous pourrions y envoyer par d'autre voie; on m'a assuré que les Portugais n'y ont aucune communication. Pour les Hollandais, ils tiennent l'île de Saint-Maurice (1), qui n'est qu'à cent lieues de là, et vont parfois à celle de Madagascar, seulement à l'un des bouts, où il n'y a point de Français, lesquels sont à l'autre extrémité, éloignés d'environ six vingt lieues; et il y a de grandes difficultés à traverser l'île. Mais la plus grande, Monseigneur, serait d'y passer sur des vaisseaux de Hollande, pour ce que les Hollandais font ce qu'ils peuvent pour se rendre maîtres des Indes et en débusquer les français; et même l'on craint qu'ils fassent pension à l'un de ces messieurs pour leur en faire quitter l'entreprise, de sorte qu'au lieu de nous favoriser le passage ils l'empêcheraient. Je verrai néanmoins, Monseigneur, si

(1) Ile Maurice.

nous trouverons quelque moyen d'envoyer de nouveaux ouvriers en cette Eglise naissante; et, en ce cas, j'en donnerai avis à la Sacrée Congrégation. Cependant je remercie très humblement Votre Eminence de tant de bonté qu'elle me témoigne et de la bienveillance dont elle honore notre petite Compagnie, laquelle continue à prier Dieu pour la conservation de Votre Eminence, et moi à lui renouveler les offres de mon obéissance perpétuelle, qui suis en l'amour de Notre-Seigneur,

Monseigneur,

Votre très humble et très obligé serviteur,

VINCENT DEPAUL.

A M. de Rumelin,
chanoine de la cathédrale de Tréguier (1).

De Paris ce XXVIe de mars 1656.

MONSIEUR,

Le retour de Monseigneur de Tréguier me donne occasion de vous renouveler les offres de mon obéissance, comme je fais, Monsieur, avec toute l'humilité et l'affection que je le puis ; et je vous supplie de croire que les difficultés qui se rencontrent dans les conditions de votre fondation pour le séminaire n'ont aucunement diminué la parfaite reconnaissance que j'en ai. Si mon cœur vous était connu, Monsieur, vous seriez tout persuadé qu'elle est incapable d'altération. Et, bien que

(1) Michel Thépault, sieur de Rumelin, avait, dès 1654, fait un don considérable pour la fondation du séminaire de Tréguier. Il s'occupa activement des constructions du nouvel établissement, qui ne fut prêt qu'en 1660. Cette lettre laisse entendre qu'il n'était pas pleinement d'accord avec saint Vincent sur les conditions dans lesquelles les prêtres de la Mission devaient en prendre la direction. En 1659 les séminaristes étaient très à l'étroit dans une maison particulière de la ville. La signature seule est de la main du saint.

je me sois donné la confiance de vous faire représenter ces difficultés-là, ç'a été néanmoins avec le respect et la soumission que je vous dois. Je ne vous en dirai autre chose par la présente, sinon que j'ai supplié mondit Seigneur d'en conférer avec vous, dans le dessein de nous en tenir à ce que vous et lui commanderez. Cependant, Monsieur, je prie Notre-Seigneur qu'il sanctifie de plus en plus votre âme et qu'il continue ses éternelles bénédictions sur votre famille. Le sentiment de l'obligation que nous vous avons, dont je suis plein, me fera produire toute ma vie ces souhaits et ces prières et je m'estimerais heureux d'y pouvoir ajouter mes services. Ce sera lorsque le bon Dieu m'aura fait digne de vous en rendre et ce sera toujours avec autant d'affection que j'ai d'honneur d'être, comme je suis, en son amour.

Monsieur,

Votre très humble et très obéissant serviteur,

VINCENT DEPAUL,

indigne prêtre de la Mission.

A M. Planchamp, prêtre de la Mission, à Turin (1).

De Paris ce 14e juillet 1656.

MONSIEUR,

La grâce de Notre-Seigneur soit avec vous pour jamais.

J'ai reçu votre lettre et par elle beaucoup de consolation, y voyant plusieurs traits de l'esprit qui vous anime en bonté, cordialité, douceur et humilité, dont je rends

(1) L'original de cette lettre se trouve à la maison provinciale des Prêtres de la Mission à Turin. La signature seule est de la main du saint. Jean Jacques Planchamp était entré prêtre dans la Congrégation de la Mission le 29 avril 1655, à l'âge de 28 ans.

grâces à Dieu, et je le prie qu'il vous fasse celle d'aller toujours en croissant en l'exercice de ces vertus et de toutes les autres qui font un bon missionnaire. Continuez, Monsieur, de vous unir à lui et à votre supérieur, de vous abandonner à Notre-Seigneur pour vivre dans une grande dépendance de ses ordres et à la conduite de ceux qui vous le représentent. C'est le moyen de conserver et d'augmenter la paix dont vous jouissez et de vous rendre de plus en plus un instrument propre pour la main toute-puissante de Dieu, qui, en ce cas, accomplira les desseins qu'il a sur vous pour sa gloire et le salut des âmes. J'embrasse la vôtre avec toutes les tendresses de mon cœur et je vous recommande la mienne à vos prières, qui suis en l'amour de Notre-Seigneur,

MONSIEUR,

Votre très humble serviteur,

VINCENT DEPAUL,
indigne prêtre de la Mission.

A Monsieur l'abbé de Chandenier (1).

De Paris ce 21 juillet 1656.

MONSIEUR,

Mr l'abbé de Lavieville a envoyé céans la lettre ci-jointe pour vous la faire tenir, ce qui me donne occasion de rendre grâces à Dieu, comme je fais, des bénédictions qu'il donne à toutes vos conduites. M. le

(1) L'original de cette lettre se trouve chez les filles de la charité de l'hôpital d'Aumale. La signature et le post-scriptum sont de la main du saint. Messire Louis de Rochechouart de Chandenier, neveu du cardinal de La Rochefoucauld, et abbé de Tournus, était l'un des principaux membres de l'Assemblée des mardis. C'est lui qui dirigea la célèbre mission donnée à Metz au commencement de 1658. Il mourut à Chambéry, le 2 mai 1660, après avoir été reçu dans la Congrégation de la Mission.

premier président de Dijon m'a fait l'honneur de me parler de la générosité et de la véritable sagesse avec lesquelles vous avez procédé en cette assemblée, en sorte qu'il estime que, si tous les prélats agissaient comme vous, Monsieur, avec grâce, fermeté et droiture, les choses iraient mieux qu'elles ne vont. Je ne sais pas comment vous vous êtes comporté. Mais il en est si fort édifié qu'il ne croit pas que les plus grands serviteurs de Dieu et des Pères des peuples eussent pu tenir une meilleure conduite que la vôtre. Dieu sait combien j'ai été consolé de l'entendre et de quel cœur j'ai remercié sa divine bonté de toutes les grâces qu'elle vous a faites.

Nous avons enfin fait tout ce que vous avez commandé. On a pris possession de Saint-Pourçain (1) en présence de M. Guérin, votre secrétaire, et le respect qu'on a eu pour vous, Monsieur, et pour M. l'abbé votre frère (2) a fait que la chose s'est passée doucement. C'est une nouvelle obligation que nous vous avons, qui, jointe avec toutes les autres, fait un fonds de reconnaissance en mon âme, si grande et si ferme que, quand je serais sans cesse occupé à vous le dire, je ne pourrais vous la représenter; et il n'y a que Dieu qui vous le puisse faire connaître. J'espère qu'il le fera tôt ou tard, puisque les paroles sont trop faibles et que je crains de vous importuner d'employer vainement les miennes sur ce sujet.

Mlle de Chandenier paraît être dans un pareil sentiment de gratitude et pleine d'affection pour vous,

(1) Saint-Pourçain est aujourd'hui un village de l'Allier. M. l'abbé de Chandenier y possédait une abbaye, qu'il résigna en faveur des prêtres de Saint-Lazare. Les formalités pour l'union de l'abbaye de Saint-Pourçain à la Congrégation de la Mission demandèrent beaucoup de temps. Nous donnerons plus loin, à la date du 18 octobre 1658, une lettre du saint sur cette union.

(2) Claude-Charles de Rochechouart de Chandenier, abbé de Moutiers-Saint-Jean (ancien diocèse de Langres), mort le 18 mai 1710.

Monsieur, et pour M. de Moustiers-Saint-Jean, à cause de celle que vous et lui lui avez témoignée; ce qui me confirme dans l'espérance qu'elle sera un moyen unissant dans la famille (1).

Nous ne savons pas encore quel succès aura eu le siège de Varsovie, où vous savez qu'il est resté deux prêtres de notre gueuserie (2), dont l'un a été grièvement malade. Nous venons d'apprendre, par une lettre de son compagnon, qu'au bruit des canons Dieu lui a redonné la santé.

Il me semble, Monsieur, que je me suis donné l'honneur de vous mander la mort de M. Mousnier, qui était à Madagascar (3). Voici une petite relation de M. Bourdaise, qui ne mérite pas que vous ayez la peine de la lire; elle sent trop la simplicité d'un pauvre missionnaire. Aussi est-ce un bon prêtre, qui sait mieux faire que dire.

Nous avions envoyé M. Brin (4) pour visiter nos confrères qui sont en Écosse et aux Hébrides (5). Mais il a été obligé de s'en revenir de Londres parce que le milord protestant lui a refusé son passeport et que l'ambassadeur de France, à qui il avait été recommandé, lui a déconseillé de passer outre, quoiqu'il fût habillé en gentilhomme.

La contagion est à Rome et en beaucoup d'endroits de l'Italie; ce qui a été cause que nous n'en avons point reçu des lettres par le dernier ordinaire.

(1) Des questions d'intérêt divisaient les abbés de Chandenier et leur frère, le marquis de Chandenier.
(2) C'est-à-dire, *de notre pauvre petite compagnie*. De nos jours saint Vincent n'aurait pas employé ce mot, qui est devenu trivial. Au XVIIe siècle il ne froissait pas. Parlant des pauvres, saint Vincent lui-même disait : *les gueux*.
(3) MM. Mousnier et Bourdaise, prêtres de la mission, s'étaient embarqués ensemble pour Madagascar en 1654. M. Mousnier y mourut peu après son arrivée, en 1655.
(4) Prêtre de la Mission, né en Irlande.
(5) Iles anglaises sur la côte occidentale de l'Ecosse.

Nous avons céans le père de M. Alméras, qui s'y est retiré, âgé de 81 ans, pour y servir Dieu le reste de ses jours (1). Il nous avait demandé plusieurs fois depuis dix ans en ça de le recevoir; mais j'avais tâché de l'en détourner. Je prie Notre-Seigneur, Monsieur, qu'il vous conserve pour le bien de son Église.

Je suis en son amour,

MONSIEUR,

Votre très humble et très obéissant serviteur,

VINCENT DEPAUL

indigne prêtre de la Mission.

Je vous supplie, Monsieur, de me pardonner de ce que je ne vous écris de ma main. Un embarras non ordinaire m'en a ôté le moyen. Je fais ici un renouvellement des offres de mon obéissance perpétuelle à M. l'abbé de Saint-Jean. M. Maillard (2) attend l'ordre de l'emploi des 500 livres que vous, Monsieur, lui avez envoyées.

A Monsieur Planchamp,
prêtre de la mission, à Turin (3).

De Paris ce 23 février 1657.

La grâce de Notre-Seigneur soit avec vous pour jamais.

Je le prie aussi qu'il vous rende la consolation que

(1) René Alméras, ancien maître des comptes, avait été reçu au séminaire de Saint-Lazare le 2 mars 1657. Il y finira ses jours le 4 janvier 1658.

(2) Antoine Maillard, prêtre de la Mission, reçu à Saint-Lazare le 21 mai 1644.

(3) L'original de cette lettre se trouve à la maison provinciale des prêtres de la Mission à Turin. La signature et deux corrections sont de la main du saint.

votre lettre m'a apportée et qu'il soit sa louange éternelle pour les dispositions qu'il vous donne, particulièrement de celle par laquelle vous désirez de vous attacher nu à sa croix pour vous unir plus intimement à lui par les vœux que vous proposez de faire (1). Faites-les donc, Monsieur, à la bonne heure, après que les deux ans de votre séminaire seront expirés. Vous pourrez faire une petite retraite immédiatement devant pour vous y disposer encore davantage; et, dès à présent, je joins mon intention à la vôtre pour offrir à Dieu une si sainte oblation et je le prie qu'il la reçoive en odeur de suavité. Ce que je fais plein d'espérance qu'il sera beaucoup glorifié de la suite de cette action et la Compagnie bien édifiée. Elle l'est déjà beaucoup de l'affection que vous témoignez avoir pour elle et de votre fidélité à la pratique du réglement et des vertus. M. Martin (2) me mande que vous y faites progrès, et moi j'en rends grâces à Dieu.

Quant au dépouillement entier que vous proposez de faire de votre chapelle et de votre patrimoine, je le laisse à votre disposition; car, bien qu'il soit de plus grande perfection de se dépouiller de ces choses que de les retenir, je ne puis néanmoins vous conseiller de faire plutôt l'un que l'autre, à cause de notre règle qui permet à ceux qui ont fait les vœux en la Compagnie de garder le fonds de leurs biens et d'en disposer en faveur de qui bon leur semblera par testament à la fin de leurs jours ou plus tôt (3). Il est vrai que, pour les fruits, ils n'en peuvent pas avoir le maniement, qui

(1) M. Planchamp a fait les vœux à Turin le 12 mai 1657.
(2) C'était le supérieur de la maison.
(3) Le texte primitif était : *non seulement par testament à la fin de leurs jours, mais encore par donation ou autrement*. Le saint a effacé de sa propre main les mots que nous ne retrouvons plus dans le texte et ajouté en entreligne *ou plus tost*.

doit demeurer à la Compagnie, s'ils y demeurent, ou être (1) donnés à leurs parents, s'ils sont pauvres. Si donc les vôtres ont besoin d'être assistés, vous pouvez leur laisser la jouissance de votre bien et vous réserver la disposition du fonds. Et si même vous voulez, dès à présent, vous défaire du même fonds pour vous rendre de plus en plus semblable à Notre-Seigneur, qui n'en a voulu posséder aucun, je ne puis qu'approuver grandement un tel détachement. Mais je le remets tout à fait à votre dévotion pour en faire ce que Dieu vous inspirera. Je me recommande à vos prières et à celles du bon M. de Musy (2), que j'embrasse avec vous de toutes les tendresses de mon cœur et qui suis de même en l'amour de Notre-Seigneur,

Monsieur,

Votre très humble serviteur

VINCENT DEPAUL
indigne prêtre de la Mission.

A un évêque (3).

De Saint-Lazare ce dernier de mars 1657.

MONSEIGNEUR,

Votre autorité, Monseigneur, et les raisons que vous me faites l'honneur de me dire pour l'entrée de Mlle Bouillon à Sainte-Marie (4) me pressent si fort que je n'oserais alléguer aucune difficulté si je ne savais

(1) Ce mot *être* est ajouté en entreligne et de la main du saint.
(2) Prêtre de la Mission en résidence à Turin depuis quelques mois.
(3) Copie de cette lettre se trouve dans le dossier du Procès de Béatification de saint Vincent. (Arc. de la Cong. des Rites). On n'en connaissait jusqu'ici que la traduction italienne, qui a été retraduite en français et forme le n° 1806 de la Collection complète.
(4) Couvent de la Visitation. Saint Vincent en était le supérieur.

que Vous, Monseigneur, ne le trouverez pas mauvais.

Le Concile de Trente défend aux évêques et aux supérieurs des maisons religieuses de donner permission d'entrer dans le monastère desdites religieuses, si ce n'est en cas de nécessité; et, comme cette entrée n'est point en ce cas-là, c'est ce qui fait la difficulté et que je ne pense pas pouvoir donner cette permission sans offenser Dieu; et c'est aussi l'avis d'un docteur auquel j'ai grande confiance; et c'est encore ce qui me fit résoudre, il y a quelques années, de ne point donner ces sortes de permissions qu'en cas de nécessité et que j'en ai refusé à un grand nombre de dames, voire même à des princesses, dont Mme la princesse de Carignan (1) en est une, qui ne me le pardonnera jamais. Et je vous dirai à vous seul, Monseigneur, que ces sortes d'entrées apportent du déchet dans les communautés religieuses et qu'il paraît une grande différence entre ces maisons d'un même ordre qui agréent les entrées et celles qui n'en veulent point.

Que si, après tout, Monseigneur, vous me faites l'honneur d'en user autrement, je le ferai pour ce que j'ai une parfaite confiance que vous, Monseigneur, me commanderez toujours ce qui sera selon Dieu, en l'amour duquel je suis,

Monseigneur,

Votre très humble et obéissant serviteur,

VINCENT DEPAUL

indigne prêtre de la Mission.

---

(1) La princesse de Carignan était fille de Charles de Bourbon comte de Soissons. Elle avait épousé en 1624 Thomas François, prince de Carignan, qui devint grand-maître de France.

Au Frère Marin,
frère de la Mission à Saintes (1).

De Paris ce 21 octobre 1657.

MON CHER FRÈRE,

La grâce de Notre-Seigneur soit avec vous pour jamais.

Le long temps qu'il y a que j'ai reçu votre lettre n'empêche pas que je ne sente encore la consolation que j'en ai reçue. Je rends grâces à Dieu de la charité qu'il vous a donnée, qui passe les mers en désir, à même temps que vous l'exercez en effet. C'est le moyen de vous rendre fort agréable à Dieu d'étendre ainsi vos affections pour son service. Devant lui la volonté est réputée pour l'effet. Pourquoi donnerait-il un poids éternel de gloire aux saints merveilleusement pour un peu de peine qu'ils ont souffert en cette vie, qui n'a fait que passer, sinon à cause qu'ils ont souhaité de souffrir et de lui plaire infiniment, si cela leur eût été possible? Et c'est pour cet amour que Dieu les récompense infiniment. Assurez-vous, mon cher frère, qu'il ne laissera pas sans récompense ce zèle qui vous porte à Madagascar pour contribuer au salut des âmes et à Gênes pour assister nos frères affligés (2). J'espère même qu'il vous augmentera sa grâce pour le servir à Saintes avec plus de paix et de fruit pour votre âme, attendant que sa providence vous appelle ailleurs. Continuez à vous

(1) Nous ne connaissons cette lettre que par une ancienne copie, conservée à la maison provinciale de la Congrégation de la Mission à Turin. C'était et c'est encore l'usage dans cette Congrégation de dire *Monsieur* en parlant des prêtres et *frère* en parlant des clercs et des coadjuteurs. Le frère Marin était frère coadjuteur. Nous n'avons pas trouvé mention de lui dans les catalogues du personnel. *Marin* était peut-être son petit nom.

(2) Sur huit missionnaires que comptait la maison établie en cette ville sept étaient morts de la peste trois mois auparavant.

offrir à elle pour tous les endroits de la terre et pour toutes les choses auxquelles sa bonté trouvera bon de vous employer, car elle s'honore de cet abandon; mais continuez aussi de remettre tous vos désirs à sa disposition, vous estimant indigne qu'elle pense à vous et trop heureux qu'elle vous souffre seulement au lieu où vous êtes. Certes j'ai été bien édifié de voir sur la fin de votre lettre la déposition que vous faites en ses divines mains de votre propre volonté. C'est une marque de la grâce que Notre-Seigneur a mise en vous pour accomplir la sienne partout et en toutes choses. Amen.

Notre frére Le Roy (1) n'a pas été fidèle; il est sorti pour la 2e fois de la Compagnie. On dit qu'il demeure chez un laboureur auprès de Villepreux, où il sert de charretier. Votre cousin Aubin fait fort bien en Piémont et notre frère Joustel (2) à Toul. Je les recommande tous à vos prières et je m'y recommande moi-même, qui suis

Votre affectionné serviteur

VINCENT DEPAUL
indigne prêtre de la Mission.

A Monsieur Villain, prêtre de la Mission, à Troyes (3).

De Paris ce 25 octobre 1657.

MONSIEUR,

La grâce de Notre-Seigneur soit avec vous pour jamais.

(1) Serait-ce Jean Roy, reçu au séminaire à St-Lazare le 7 août 1644 ?
(2) Louis Joustel, admis dans la Congrégation le 16 juin 1655.
(3) On conserve à Turin, dans la maison des Prêtres de la Mission, le brouillon et une copie ancienne de cette lettre. Le brouillon est en entier de la main du secrétaire. M. François Villain, né à Paris le 10 avril 1605, était entré dans la Congrégation le 24 décembre 1649, trois mois après avoir reçu la prêtrise. Il mourut au séminaire de Troyes le 19 juillet 1658. Saint Vincent fait de lui un bel éloge dans une lettre à M. Get (*Lettres de Saint Vincent de Paul*, t. IV, p. 112).

J'ai reçu votre lettre du 19, où vous me demandez si j'entends qu'en prenant le soin d'instruire Messieurs du séminaire vous leur fassiez le catéchisme du samedi, que vous veilliez sur l'office divin et fassiez faire les retraites à ceux qui arrivent de nouveau. A quoi je réponds, Monsieur, que vous ferez bien de vous tenir à la conclusion de votre lettre, où vous dites que vous ne ferez en cela que ce qui vous sera ordonné. C'est à votre supérieur ou à son assistant de régler ces choses et de les faire faire par vous ou par d'autres lorsqu'il ne peuvent pas y vaquer eux-mêmes.

Je sais bien qu'il serait utile que vous fissiez le catéchisme comme une suite de vos leçons, que vous eussiez la conduite de l'office divin pour y garder toujours les mêmes mesures et que vous fussiez le directeur de ces Messieurs en leurs exercices spirituels, afin de les mieux connaître, ce qui suppose néanmoins, que vous y fussiez employé par ceux qui ont la conduite de la maison, y ayant bénédiction de Dieu dans les actions faites par obéissance; mais je sais bien aussi, Monsieur, que vous ferez la volonté de Dieu, si vous ne vous mêlez pas de ces choses lorsqu'on trouvera bon de les commettre à d'autres. Les supérieurs voient mieux ce qu'ils ont à faire qu'un particulier, et chacun doit estimer qu'ils ont de bonnes raisons pour faire ce qu'ils font, encore que ces raisons-là lui soient cachées; comme, en effet, ils doivent avoir considéré le pour et le contre avant de se déterminer aux choses de quelque importance.

Et, outre que vous ferez la volonté de Dieu, qui est sans doute votre prétention, vous vous conformerez à l'usage de tous les séminaires et même des collèges, où les régents dépendent du chef et du principal, en sorte qu'ils ne font que ce qu'il veut et que cela même qu'ils font ils ne le font qu'en la manière qu'il ordonne.

Je vous prie, Monsieur, au nom de Notre-Seigneur, de vous tenir à cette règle et de vous assurer que Dieu aura très agréable votre soumission, et que non seulement il bénira votre personne, mais encore vos exercices en l'avancement du séminaire. C'est la prière que je refais à la divine bonté, en l'amour de laquelle je suis,

Monsieur,

Votre très humble serviteur

VINCENT DEPAUL.

A Mgr de la Guibourgère, évêque de La Rochelle (1).

De Paris ce 4 novembre 1657.

MONSEIGNEUR,

Mgr de Pamiers, un des bons Evêques que je connaisse au monde (2), qui est venu passer quelque temps en cette maison, sachant l'honneur que vous me faites de m'avouer pour votre très humble serviteur et de souffrir que je donne de l'exercice à votre immense charité, m'oblige de vous faire la présente, Monseigneur, au sujet de Madame la baronne de Mirepoix, sa sœur. Elle a un procès au Parlement de Rennes contre Mme la marquise de Mirepoix, sa belle-sœur, où il y va de tout son bien. Et, comme elle a affaire à de fortes parties, elle a besoin de fortes recommandations pour maintenir son droit. Chacun sait, Monseigneur, que la vôtre est très puissante; et nous espérons qu'elle sera très utile à cette bonne dame, si vous avez agréable d'écrire à MM. votre fils et votre gendre, conseillers audit Parle-

(1) Le brouillon de cette lettre, qui est en entier de la main du saint, se trouve à la maison provinciale des prêtres de la Mission à Turin. Il n'est pas signé. Mgr de la Guibourgère occupa le siège de La Rochelle de 1646 au 15 mars 1664, jour de sa mort.

(2) François Etienne de Caulet, nommé en 1644.

ment, à ce qu'ils aient pour recommandée la justice de sa cause. Elle a cela de commun avec ce digne prélat qu'elle est aussi des plus vertueuses dames du Royaume; de sorte, Monseigneur, que le mérite de tous les deux vous demande cette grâce et me fait espérer que vous n'aurez pas désagréable que je joigne ma très humble supplication, comme je fais, pour obéir à l'un qui l'a ainsi désiré, et en faveur de l'autre, qui a besoin de protection. Je suis honteux, Monseigneur, d'ajouter cette liberté à une autre que j'ai prise aujourd'hui, en vous écrivant une autre lettre pour vous supplier de porter les Missionnaires de votre ville à donner satisfactiom à M. Sazay, leur lieutenant général honoraire, pour une somme notable qu'il prétend leur être due par eux; et cela, Monseigneur, en cas que vous le jugiez à propos. Ce que je n'entreprendrais pas sans la connaissance que j'ai de votre insigne bonté et la parfaite confiance que Notre-Seigneur me fait prendre en elle, qui suis par sa grâce et en son amour,

Monseigneur,

Votre très humble et très obéissant serviteur

VINCENT DEPAUL.

A M. Tholard, prêtre, de la Mission (1).

De Paris ce 12 décembre 1657.

MONSIEUR,

La grâce de Notre-Seigneur soit avec vous pour jamais.

(1) L'original de cette lettre est en entier de la main du saint. Il se trouve à la maison provinciale de la Congrégation de la Mission à Turin. Jacques Tholard, à qui la lettre est adressée, appartenait à la Congrégation depuis le mois de novembre 1638. Le 18 janvier 1658 il était sur le point de clôturer une Mission qui se donnait à Marcoussis, dans l'arrondissement de Rambouillet (*Lettres de saint Vincent de Paul*, t. IV, p. 12). Serait-ce celle dont il est ici question? C'est probable; car les Missions duraient alors d'ordinaire au moins un mois.

Je l'ai dit souvent à la Compagnie, Monsieur, qu'il ne lui arrive point de mal que par ma faute. La difficulté que je rencontre en cette Mission le fait voir assez, et de cela je vous demande pardon, prosterné en esprit à vos pieds et de ceux qui sont auprès de vous.

Il semble que vous ayez raison, Monsieur, de douter si vous devez continuer à travailler ou quitter ce que avez commencé et vous en revenir, puisque vous n'avez point de logement propre, que vous êtes contraint de loger à l'hôtellerie, que votre auditoire est fort petit, n'ayant qu'environ cent personnes, dont la plupart sont des enfants, et enfin qu'il y a cinq ou six hameaux écartés.

Mais il semble, d'un autre côté, que vous devez vous donner à Notre-Seigneur pour continuer jusques à la fin de la Mission.

Premièrement pour ce que vous avez été reçu par Messieurs les Curés ; 2° que le Seigneur du lieu y a consenti ; 3° que nulle puissance vous contredit ; 4° que ce pauvre peuple ou plusieurs d'entr'eux assistent aux exercices, et notamment la jeunesse, que Notre-Seigneur voyait si volontiers à ses prédications et laquelle en a tant de besoin ; 5° que peut-être Notre-Seigneur a dessein de sauver quelque bonne âme qui est en danger de son salut et doit mourir bientôt, mais, venant à se damner faute de secours, vous rendra responsable de sa perte et moi avec vous, si nous ne faisons sa volonté en cette rencontre ; 6° que c'est une épreuve que Dieu veut faire de votre patience dans les difficultés que vous me proposez et que l'esprit malin se sert de cette occasion pour détourner le bien qu'il voit que vous faites, se servant des sentiments de votre nature, de ce qu'elle est mortifiée de ce qu'on ne vous a pas accueilli comme l'on fait pour l'ordinaire aux autres lieux, comme à Conflans, et de ce que vous n'êtes pas logés de même, mais dans une hôtellerie.

Toutes ces raisons, Monsieur, et plusieurs autres font que je vous prie de continuer et d'achever l'œuvre que vous avez commencée, nonobstant les raisons contraires, comme celle du refus que vous fait le concierge de vous loger et d'être reçu à l'hôtellerie, vous ressouvenant que le missionnaire des missionnaires n'avait pas une pierre pour reposer sa tête, que l'on lui a quelquefois refusé l'entrée des lieux où il allait travailler et chassé, lui et les apôtres, de quelques provinces ; et le bon Dieu n'a pas encore trouvé digne la Mission d'un tel traitement. Quant aux hameaux écartés, il se trouve peu de paroisses à la campagne où il n'y en ait ; et il arrive quelquefois qu'ils sont plus zélés à participer aux exercices de la mission que les autres. Il n'en faut qu'un ou deux à chaque hameau, que Notre-Seigneur ait touchés, qui deviennent les prédicateurs du reste du peuple ; et quand il arriverait que vous soyez mal suivis en ce lieu-là, ressouvenez-vous que Notre-Seigneur prêchait à un bien petit nombre de personnes, voire à une seule, et que peut-être Notre-Seigneur a permis ces sujets de dégoûts pour vous prêcher vous-même et vous garantir de la vaine satisfaction que nous trouvons imperceptiblement dans nos emplois.

Or, cela étant ainsi, je vous supplie, Monsieur, de continuer, au nom de Notre-Seigneur, de travailler, quand il n'y aurait qu'une seule âme qui aurait besoin de vous, en la vue du sentiment de Notre-Seigneur, que le bon pasteur doit quitter son troupeau de 99 brebis pour aller chercher la centième égarée. Rarement arrive-t-il en ces rencontres qu'une mission ainsi commencée ne réussisse à la fin, quand les missionnaires exercent les vertus qu'il faut, la patience, l'humilité, l'oraison, la mortification. C'est, Monsieur, ce que j'espère que vous ferez et que vous édifierez M. Caset (1) et M. de Fleury (2), qui suis en l'amour de Notre-Seigneur,

Votre très humble serviteur

VINCENT DEPAUL,
indigne prêtre de la Mission.

Si vous avez besoin de meubles, l'hôtesse de Chastres vous en fournira, celle qui est vis-à-vis de l'église. Ne vous attendez point au logement du prieuré. J'ose vous dire que ce misérable n'a jamais fait de meilleures missions que lorsqu'il a été logé dans les hôtelleries.

A Monsieur Martin, supérieur des prêtres de la Mission à Turin (3).

De Paris ce 19 avril 1658.

MONSIEUR,

La grâce de Notre-Seigneur soit avec vous pour jamais.

Jamais lettre ne m'a plus consolé de votre part que celle du 26 mars, que je lus hier au soir, à même temps qu'on venait de me dire que quelqu'un avait reçu nouvelles en cette ville que vous étiez grièvement malade en mission et on ajoutait quelque chose au delà ; mais, grâces à Dieu, votre lettre m'a assuré du contraire, dont son saint nom soit à jamais glorifié.

L'impression sensible que ce mauvais bruit a faite en

(1) Michel Caset, né à Vautortes, dans la Mayenne, reçu dans la Congrégation de la Mission le 31 octobre 1649.
(2) Antoine Fleury, prêtre de la Mission, n'était alors qu'à son quatrième mois de séminaire ou de noviciat.
(3) L'original de cette lettre se trouve à Turin chez les prêtres de la Mission. La signature seule est de la main du saint. Saint Vincent avait M. Martin en singulière estime; et celui-ci le méritait par son zèle, son talent pour la prédication, ses succès et les services qu'il rendit en Italie à la Congrégation.

mon âme m'a laissé une nouvelle appréhension que vous succombiez sous le faix de vos missions. Vous en entreprenez trop et de trop fortes pour le peu d'ouvriers que vous avez, lesquels n'étant pas duits (1) ni accoutumés à ces grands travaux, perdent haleine au milieu de la course et le courage pour continuer ; et vous achevez de ruiner votre santé. Je sais bien qu'il est difficile de vous contenir en voyant une si ample moisson ; mais aussi il peut y avoir de l'excès en la manière de vous y prendre. Monseigneur le Marquis (2), duquel vous voulez contenter le zèle, sait bien qu'on ne peut pas travailler sans cesse, comme vous faites, et aller bien loin, et ainsi la crainte que le travail vous accable et que l'œuvre demeure, lui fera sans doute agréer que vous alliez plus doucement en besogne, que vous ménagiez vos forces et vos gens et preniez du repos. Au nom de Dieu, Monsieur, faites-le, modérez-vous et faites attention aux besoins de ceux que Dieu a confiés à votre conduite. C'est le sujet de la présente, n'ayant rien à répondre à ce que vous m'écrivez, sinon que nous n'avons aucune nouvelle de M. Richard (3) et que j'écrirai à Metz pour en avoir. Nous nous portons assez bien de deçà, grâces à Dieu. Notre monde est en mission depuis 5 ou 6 mois, séparé en trois bandes. Nous avons à présent quatre-vingts ordinands céans. Priez Dieu pour nos besoins, comme nous faisons pour votre conservation et pour la continuation des grâces de Dieu sur votre personne, votre famille et vos emplois. Je suis en l'amour de Notre-Seigneur,

Monsieur,

Votre très humble serviteur

VINCENT DEPAUL

indigne prêtre de la Mission.

(1) Formés.

(2) Le marquis de Pianezze, premier ministre du duc de Savoie, passa les dernières années de sa vie chez les Prêtres de la Mission de Turin.

(3) François Richard, prêtre de la Mission, que M. Martin avait connu à Gênes.

A Mgr Louis d'Estaing, évêque de Clermont (1).

De Paris ce 18 octobre 1658.

MONSEIGNEUR,

La grâce que Votre Grandeur nous a faite de fulminer la Bulle de Notre Saint-Père touchant Saint-Pourçain (2) est si grande et le témoignage de la bienveillance dont vous nous honorez, de daigner vous vouloir servir de nous pour faire la mission dans votre diocèse et d'y enseigner la théologie, si considérable que je n'ai pas de paroles pour vous en exprimer ma reconnaissance et pour vous en remercier. C'est pourquoi je prie Notre-Seigneur qu'il soit vôtre, le remerciement et la récompense de Votre Grandeur; et c'est, Monseigneur, ce que je fais et ce que fera la Compagnie toujours.

Le dessein qu'a eu M. l'abbé de Chandenier, dans la résignation qu'il nous a faite de Saint-Pourçain et qui a été confirmée par Sa Sainteté, a été d'unir ce bénéfice à cette maison de Saint-Lazare pour lui donner moyen de soutenir les grandes dépenses qu'elle fait pour l'ordination qui se fait pour tous les ecclésiastiques du royaume, qui sont au nombre de quatre-vingts ou cent à chaque ordination, qui se fait cinq fois l'an, à chacune desquelles les ordinands sont nourris onze jours durant gratis, comme aussi celle des exercitants, qui sont pour l'ordinaire au nombre de huit ou dix ecclésiastiques et autant de laïques de toutes parts, lesquels succèdent les uns aux autres, en sorte qu'il y

(1) Nous devons communication de cette lettre à M. Lacaille (50, boulevard Malesherbes, Paris), qui en possède le brouillon, écrit en entier de la main du saint et non signé.

(2) Dans une lettre du même jour à M. Jolly, prêtre de la Mission, qui remplissait alors les fonctions de procureur général près le Saint-Siège, M. Vincent note les raisons qu'il a de craindre que cette fulmination ne soit pas régulière.

a continuellement céans vingt personnes externes qui y font leurs exercices spirituels, et cela aussi gratis. Selon cela, Monseigneur, Votre Grandeur voit que le revenu de Saint-Pourçain ne peut pas suffire au dessein de M. de Chandenier et à l'entretien d'une mission continuelle et perpétuelle dans votre diocèse, ainsi que vous, Monseigneur, me faites l'honneur de m'écrire que Votre Grandeur souhaite. Notre dessein est bien, Monseigneur, d'aller faire la mission à Saint-Pourçain et d'y convoquer les villages qui en dépendent, de cinq en cinq ans, et de commencer au plus tôt avec la permission de Votre Grandeur; et l'on verra de delà si l'on y pourra laisser deux ou trois prêtres pour aller faire la mission là où Votre Grandeur les enverra, au moyen du rabais des décimes dont l'on a surchargé le prieuré depuis peu au delà de ce qu'il peut porter, si vous, Monseigneur, l'avez agréable.

Je suis bien affligé, Monseigneur, de ce que Votre Grandeur n'a pas la satisfaction qu'elle s'était promise de M. Chomel (1) et de ce que je suis inutile à votre service de ce côté-là. Il ne m'a pas fait l'honneur de me demander mon avis; il m'a seulement mandé le déplaisir qu'il a de n'avoir pu recevoir l'honneur que vous, Monseigneur, lui avez offert.

M. l'abbé Gedoing (2) est ce très vertueux ecclésiastique que Mgr le prince de Conti, du temps duquel il étudiait, dit que c'est le premier qui lui a parlé de dévotion et qu'il était déjà, de ce temps-là, fort vertueux; il prêche bien et utilement; il a l'esprit doux et néanmoins ferme.

(1) Vicaire général de Saint-Flour et grand bienfaiteur de la Congrégation de la Mission, qu'il établit à Lyon. Il donnait chaque année 600 livres au séminaire de Troyes pour l'entretien des élèves pauvres. Avant de revêtir l'habit ecclésiastique il était conseiller au Parlement de Paris.

(2) Il s'agit vraisemblablement de Nicolas Gedoyn, qui fut abbé de Micy, supérieur des Ursulines de Saint-Cloud et mourut le 10 juin 1692, à l'Hôpital général de Paris, dans sa soixante-quinzième année.

Il est fils du premier commis de l'épargne, qui est mort il y a quelques années, de sorte que celui-ci est jouissant de son bien, qu'il emploie en bonnes et saintes œuvres. Je ne lui ai point encore fait l'honneur que vous, Monseigneur, lui faites. Je le ferai dans trois ou quatre jours, qu'il se doit trouver à l'assemblée des ecclésiastiques, qui se fait céans tous les mardis, dont il est préfet. Vous pouvez croire, Monseigneur, que je ferai tout ce que je pourrai pour votre service en cela et en toutes choses et me donnerai l'honneur de vous faire savoir ensuite sa résolution, et que je souhaite qui soit conforme à votre volonté, Monseigneur. La mienne le sera entièrement toute ma vie; et pour cela je fais à Votre Grandeur un renouvellement des offres de mon obéissance perpétuelle, qui suis...

A Monsieur Planchamp, prêtre de la Mission, à Turin (1).

De Paris ce 18 juillet 1659.

MONSIEUR,

La grâce de Notre-Seigneur soit avec vous pour jamais.

Je puis vous assurer que j'ai autant reçu de consolation de votre lettre que j'en ai senti il y a longtemps. Béni soit Dieu, Monsieur, de la fidélité qu'il vous donne pour votre vocation et des humbles sentiments que vous avez de vous-même. C'est le moyen d'attirer en vous grâce sur grâce, puisque Dieu la donne aux humbles et aux humbles détachés de la chair et du sang. Les inquiétudes que vous avez à cause des parents sont des

(1) L'original de cette lettre se trouve à Turin chez les prêtres de la Mission. La signature seule est de la main du saint. M. Planchamp ne sut pas résister à la tentation qui le travaillait. Une lettre de saint Vincent à M. Martin, datée du 15 août 1659, nous apprend qu'à cette date il avait quitté sa vocation.

marques que vous en avez le cœur éloigné et que vous n'aurez pas difficulté à leur dire pour une bonne fois que vous vous êtes donné à Dieu pour n'avoir plus de commerce au monde. Si vous le faites, Monsieur, il y a sujet d'espérer qu'ils vous laisseront servir Dieu en paix ou que Dieu vous fera la grâce qu'il a faite à quelque personne de la Compagnie, qui n'a voulu se mêler des affaires de ses proches, quoiqu'il en ait été souvent importuné.

Je ne laisserai pas de penser à la proposition que vous me faites et j'entrevois déjà une occasion de vous tirer du lieu où vous êtes pour vous donner moyen de rendre de bons services à Dieu. Mais il nous faut voir plus clair dans ses desseins et le prier qu'il nous fasse connaître sa sainte volonté. Cependant, Monsieur, tenez-vous toujours indifférent aux lieux et aux emplois. Il faut cela pour être un instrument propre entre les mains de Dieu, comme vous l'êtes par sa bonté infinie, à laquelle je vous prie de recommander mon âme, qui chérit tendrement la vôtre. C'est aussi en l'amour de Notre-Seigneur que je suis,

Monsieur,

Votre très humble serviteur

VINCENT DEPAUL

indigne prêtre de la Mission.

A Monsieur de Lespinay,
supérieur des Prêtres de la Mission à Marseille (1).

26 décembre 1659.

Vous me mandez qu'il faut un bon prédicateur ou

(1) Nous ne connaissons pas la lettre entière et nous donnons cet extrait d'après une copie qui se trouve dans un cahier intitulé *Extraits des lettres de saint Vincent de Paul déposées aux archives de la Mission de France à Marseille*. Gabriel de Lespinay était entré dans la Congrégation le 5 août 1645. C'était un prêtre de haute valeur. Il avait dirigé le séminaire de Toul et le séminaire interne de Saint-Lazare avant de venir à Marseille.

qu'il ne faut pas se mêler de prêcher après tant d'autres ouvriers qui font mission, qui prêchent excellemment. Nous n'en avons pas de tels. Néanmoins M. Boussordec (1) parle fort utilement; et si nous affectons d'instruire le pauvre peuple pour le sauver et non pas de nous faire valoir et de nous recommander nous aurons assez de talent pour cela; et plus nous y apportons de simplicité et de charité, plus nous recevons de grâces de Dieu pour y réussir. Il faut prêcher Jésus-Christ et les vertus comme les Apôtres ont fait...

Je loue Dieu de ce que vous avez eu quatre ordinands; c'est assez pour un commencement. Les œuvres de Dieu se font petit à petit. Il faut espérer que votre maison sera un jour employée aux ordinations et au séminaire; mais il faut être fidèle en peu pour être constitué sur beaucoup.

A Monsieur de Rumelin, chanoine à Tréguier (2).

De Paris ce 18 février 1660.

Monsieur,

La vive impression que votre charité a faite en mon esprit de la ressouvenance de ses effets ordinaires et extraordinaires en notre endroit me sollicite souvent à vous en faire de nouveaux remercîments; et c'est, Monsieur, ce qui m'a fait résoudre de vous rendre par cette lettre ce juste devoir de la part de notre petite compagnie et de la mienne pour le joindre aux sen-

(1) Charles Boussordec, né en Bretagne, reçu dans la Congrégation de la Mission le 21 août. Saint Vincent l'avait destiné à la Mission de Madagascar; mais un naufrage mit obstacle à ce projet.

(2) L'original de cette lettre est, sauf la signature, de la main du secrétaire. Sur M. de Rumelin voir p. 37.

timents de reconnaissance que nos pauvres missionnaires de Tréguier nous témoignent de temps en temps des grâces que vous leur faites, qui leur sont d'autant plus sensibles que vous accompagnez d'une cordiale affection les biens temporels qu'ils reçoivent de vous. M. d'Horgny (1) m'en a écrit plusieurs fois avec une grande tendresse. Je vous en remercie donc, Monsieur, avec toute l'humilité que je puis. Mais ne pouvant le faire à l'égal des obligations que nous vous avons, je prie Notre-Seigneur qu'il ait agréable de suppléer à mon impuissance et d'en être lui-même votre digne récompense. C'est, Monsieur, la grâce que nous lui demanderons au ciel et en la terre ; et c'est dans ce désir que je vous renouvelle les offres de service de notre chétive congrégation et de mon obéissance particulière. Je vous supplie de l'avoir agréable et de voir en quoi nous pouvons vous les rendre de deçà, vous assurant que ce sera de grand cœur, même en ce que vous avez confié à M. d'Horgny, quand il vous plaira de nous en marquer le temps et la manière ; car, à proportion que vous userez du pouvoir que vous avez sur nous, nous aurons occasion de reconnaitre vos bienfaits et moi de mériter le bonheur que j'ai d'être en l'amour de Notre-Seigneur,

Monsieur,

Votre très humble et très obéissant serviteur

VINCENT DEPAUL

indigne prêtre de la Mission.

---

(1) Inutile de répéter ici ce que nous avons dit plus haut de M. d'Horgny, p. 28.

A la Sœur Nicole Haran, Supérieure des filles de la charité, à l'hôpital de Nantes (1).

De Paris ce 20 mars 1660.

MA CHÈRE SŒUR,

La grâce de Notre-Seigneur soit avec vous pour jamais.

Je vous ai annoncé par le dernier ordinaire une triste nouvelle à savoir la perte que nous avons faite, de Mlle Le Gras (2). Il en faut louer Dieu et espérer qu'il vous tiendra lieu de père et de mère. J'ai vu la dernière lettre que vous avez écrite à la défunte, où vous demandez deux sœurs. Il est bien juste de vous secourir et nous tâcherons de le faire, Dieu aidant, au plus tôt. Il est vrai que MM. les Pères (3) ont demandé une fille et se défendent de deux, disant que l'hôpital est trop pauvre. Nous tâcherons de leur faire trouver bon qu'on vous en envoie deux et qu'ils ne vous donnent point des femmes de la ville pour vous aider, puisque cela est contre ce qui a été convenu et qu'elles vous sont plutôt à charge qu'à soulagement. Nous n'avons pas encore eu le temps de nous reconnaître depuis notre affliction pour penser aux besoins de votre petite Compagnie. Je vous prie de nous donner un peu de loisir pour remédier aux vôtres et de faire cependant comme vous pourrez. Si vous travaillez et souffrez avec patience vos œuvres seront parfaites, à ce que dit un apôtre. Je prie Notre-Seigneur qu'il vous

(1) L'original de cette lettre appartient à M. Vandamme, prêtre de la Mission. Il se trouvait chez les Filles de la Charité de Montdidier avant 1903, d'abord à la Miséricorde puis à l'hôpital. La signature seule est de la main du saint. Les conditions difficiles dans lesquelles Sœur Nicole Haran avait pris la direction des Filles de la Charité à l'hôpital de Nantes montrent en quelle estime la tenaient saint Vincent et Mlle Le Gras.

(2) La vénérable fondatrice des Filles de la Charité était morte le 13 mars 1660.

(3) Les Pères des pauvres ; c'est ainsi qu'on appelait les administrateurs de l'hôpital de Nantes.

donne cette vertu et qu'il vous fortifie en vos accablements. Je salue toutes nos Sœurs et je me recommande à leurs prières et aux vôtres. Je suis en l'amour de Notre-Seigneur,

Ma chère Sœur,

Votre très affectionné frère et serviteur

VINCENT DEPAUL

indigne prêtre de la Mission.

A Monsieur Desdames, supérieur des prêtres de la Mission à Varsovie (1).

De Paris ce 23e juillet 1660.

MONSIEUR,

La grâce de Notre-Seigneur soit avec vous pour jamais.

J'ai reçu votre chère lettre du 12, où je vois qu'il est temps de vous envoyer le secours promis. Je souhaite fort, Monsieur, que vous le receviez bientôt pour votre soulagement; car Dieu sait combien votre satisfaction et votre santé me sont à cœur. Nous vous allons donc disposer trois prêtres ou au moins deux et un frère clerc, qui enseigne céans la philosophie. Ce qui nous met en peine sont les filles de la charité qu'il faut envoyer en même temps. Car Mlle Le Gras nous ayant quittés et les autres ne connaissant pas les filles, nous avons été obligés de disposer de celles que la défunte avait destinées pour la Pologne et de les envoyer ailleurs; et nous nous trouvons maintenant un peu embarrassés dans le choix qu'il en faut faire. Nous ferons néanmoins le mieux que nous pourrons. Et le bon Dieu, qui voit la grande obligation et le désir très sensible que nous

(1) L'original de cette lettre se trouve à Cracovie chez les prêtres de la Mission. La signature seule est de la main du saint. Guillaume Desdames était entré dans la Congrégation le 10 juin 1645 à l'âge de 23 ans. Il fut du groupe des premiers missionnaires que saint Vincent envoya en Pologne, sous la direction de M. Lambert. Après la mort de son supérieur, M. Ozenne, il fut lui-même mis à la tête de la Mission.

avons de contenter la reine, nous assistera, s'il lui plaît.

Nous prierons Dieu très volontiers, comme nous avons déjà fait, pour la confirmation de la paix et l'heureux succès des desseins de leurs Majestés et des affaires du royaume.

Il a plu à Dieu de nous ôter un de nos bons et meilleurs frères ; c'est Sirven (1), qui était à Sedan la règle vivante de la Compagnie, homme sage et intelligent, bienfaisant à tout le monde, qui s'adonnait volontiers au soin et soulagement des pauvres malades et à la consolation des affligés. Toute la ville l'aimait fort et les habitants ont assisté à son enterrement depuis les premiers jusqu'aux moindres, témoignant beaucoup de regret de sa privation, même les hérétiques, qui étaient édifiés de sa modestie et de sa charité. Nous avons grand sujet de croire que Dieu a couronné son âme dans le ciel, lui donnant le royaume qu'il a préparé à ses bien-aimés qui exercent sur la terre les œuvres de miséricorde, ainsi qu'a fait ce sien serviteur. Néanmoins, Monsieur, il ne faut pas laisser de prier pour lui dans l'incertitude des jugements de Dieu, qui mettent toute l'Église en prières pour les justes trépassés.

Nous avons céans trois ou quatre malades qui le sont dangereusement ; c'est de fièvre continue. Il semble que le bon Dieu nous veuille visiter. Son saint nom soit béni et sa volonté toujours accomplie ! Je suis, en son amour, de M. Duperroy (2), que j'embrasse de toute mon affection, et de vous particulièrement,

Monsieur,

Votre très humble serviteur,

VINCENT DEPAUL

indigne prêtre de la Mission.

(1) Pierre Sirven, né à Verdun-sur-Garonne, diocèse de Montauban, entré dans la Congrégation le 12 mars 1640.

(2) Nicolas Duperroy, né le 16 janvier 1625 à Maulévrier, dans la Seine-Inférieure, reçu dans la Congrégation de la Mission le 13 septembre 1651. Il était en Pologne depuis sept ans environ.

TABLE DES MATIÈRES

535-11. — Imprimerie des Orphelins-Apprentis, F. Blétit,
40, rue La Fontaine, Paris-Auteuil.

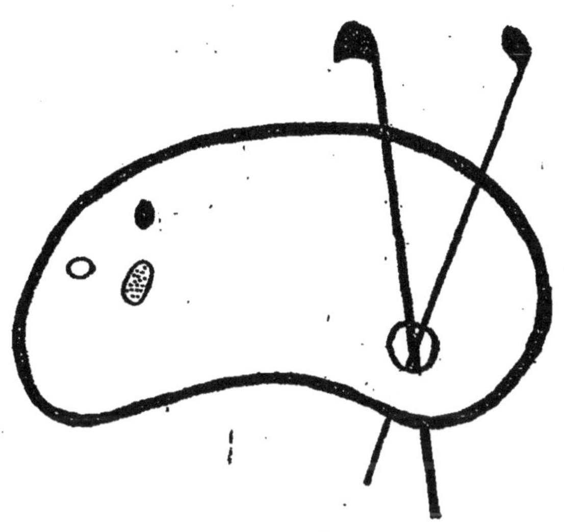